本著作获河海大学211工程三期项目资助

Resettlement Way of Urbanization for Reservoir
Resettlement and The Innovation of Social Management

"十二五"国家重点图书出版规划项目
移民研究文库·水库移民系列
编辑委员会

主　任：施国庆
副主任：余文学　陈绍军
委　员：许佳君　朱文龙　杨文健　黄健元　韩振燕
　　　　黄涛珍　毛春梅　董　铭　殷建军　孙　燕
　　　　余庆年　周　伟　赵姚阳　朱秀杰　何志扬
　　　　周　建　孙中艮　黄　莉　支晓娟　朱东恺
　　　　郑瑞强　孔令强　贾永飞　陈晓楠　王慧娟
　　　　尚　凯　于浩淼　杨瑞娟

移民研究文库·水库移民系列

水库移民城镇化安置与社会管理创新

施国庆　李　文　孙中艮　张虎彪 ◎著

社会科学文献出版社
SOCIAL SCIENCES ACADEMIC PRESS (CHINA)

丛书总序

移民已经成为世界性的难题，也已经成为世界性的科学研究前沿领域之一。在国内，移民问题已经成为中国改革开放 30 年以来最热点的社会问题研究领域之一。

移民是人口在不同地区之间迁移及其社会经济恢复重建活动的总称。移民包括工程移民、生态移民、灾害移民、扶贫移民、环境移民、经济移民等多种类型。

移民学是一门运用人口学、社会学、经济学、管理学、工程技术科学、资源科学、环境科学、数学、统计学、心理学、人类学、政治学等多学科理论与方法，专门研究各类自愿性及非自愿性移民活动的科学。移民学研究的对象是工程建设、生态、环境、自然灾害、战争、社会冲突、经济、扶贫等各种原因引起的人口迁移活动及其相关的社会、经济、文化、生态、环境、资源、政治系统。研究内容包括各类原因引起的人口迁移、社会经济系统恢复重建问题，以及移民的经济、管理、政策、社会、文化、资源、环境、心理、民族、宗教及工程技术等问题。移民学可以揭示移民活动全过程及相关人口、社会、经济系统的变迁、恢复、重建、发展的机理与客观规律，为移民系统的识别、调查、分析、解释、预测、规划、评价、监测、控制、管理提供理论和方法，从而为移民活动的管理和移民系统建设提供科学依据。移民学是一门综合性很强的由多学科交叉产生的边缘学科，是自然科学、工程技术科学与社会科学交叉产生的一门新兴科学，极具复杂性、长期性和系统性，正日益受到越来越广泛的重视。

从全世界范围看，在1990～1999年的10年中，约有1亿因为开发活动导致的非自愿移民，而在2000～2009年的10年中，这一数字则增加到1.5亿。

1949年以来，中国已经产生工程建设征地拆迁移民7000多万人，其中1949～2008年动迁水库移民1930万人。1998年长江大水后进行了246万人移民建镇，黄河滩区和淮河行蓄洪区均需要通过移民方式解决防洪问题。汶川、玉树地震，舟曲泥石流以及全国各地大量的地质灾害也造成了大量灾害移民安置问题。2011年，全国有2.2亿农村人口正在逐步向城市（镇）和发达地区流动与迁移。国家正在实施的生态移民，2030年前约迁移1000万人。根据估计，移民也是人类适应和应对气候变化问题的重要手段。许多大中城市正在开展污染企业搬迁，河流、湖泊、海洋、草原等自然环境保护也导致人类经济活动形式的变化。

按照能否自愿选择，移民可以分为自愿性移民和非自愿性移民。

非自愿移民是尚未很好解决的世界性难题。从全球视野看，无论是中国、印度、巴西、俄罗斯等社会经济发展迅速的人口大国，还是非洲、东南亚、南美、中亚等大量发展中或者欠发达国家和地区，非自愿移民问题的解决都步履艰难。欧美发达国家已经进入后现代化阶段，其在现代化过程中虽然也积累了一定的非自愿移民政策、经验与教训，但是由于政治、社会、经济、文化、宗教、资源、环境等差异，这些政策和经验也并不能够为发展中国家所照搬甚至借鉴。

非自愿移民活动极为艰巨复杂，尤其当它与以年轻人或有专门技能的中年人为主、为寻求新的发展或者生活质量提高的机会而自主进行人生选择的自愿移民比较时。人口的非自愿迁移对任何人来说均非一个简单的过程，要人们迁离世代居住的家园，离开熟悉的土地、社区和环境，解体原有的社会经济系统和社会网络，重构个人和家庭可持续的生计系统，改变千百年世代形成的生产和生活方式，经历与亲邻分离的精神痛苦和心灵煎熬。它具有利益相关人群的不可选择性，其群体由各种年龄、不同性别、多种社会阶层的人所组成，其观念与谋生能力各不相同。非自愿移民的迁移、安置与生计恢复工作是一项庞大而复杂的系统工程，涉及社会、经济、政治、文化、人口、资源、环境、民族、宗教、心理、工程技术诸多领域。随着人口的增加，各种资源减少，人地关系更加紧张，社会阶层分化加剧，非自愿移民的迁移与妥善安置也越来越困难，已经并将继续成为世界性的难题。

在各类非自愿移民活动中，水利水电工程移民尤其是水库移民的问题最复杂、影响最深远、涉及面最广、实施难度最大。

水利水电工程所导致的大规模移民活动，涉及永久征地、临时占地、房屋拆迁、个人或者家庭财产被征收、公共性设施与其他财产拆迁、工矿企业拆迁、城集镇迁建等实物损失型影响，需要进行物质系统恢复与重建；水库淹没和征收土地使移民丧失了土地等各类资源、经营性资产、收入机会、生计和获得财产机会等经济损失型影响，需要进行经济系统恢复与重建；导致移民丧失教育、医疗卫生、文化、宗教场所、社区中心、商业贸易等公共服务机会，丧失或损失人力资本、政治地位、社会网络、劳动技能、生活环境等产生的社会损失型影响，需要进行社会系统恢复与重建。水利水电移民安置活动涉及人口迁入和迁出地区人口功能区的重新划分，自然资源转换与重新配置，公共设施与基础设施功能的调整与恢复，社会系统的恢复、调整、重建，经济系统的恢复、调整与重建。因此，移民是十分复杂的"人口—资源—环境—社会—经济系统"的破坏、修复、调整和重建的系统工程。

水利水电移民问题非常复杂。移民涉及土地、房屋、林地等有形资产损失及其补偿和重置，社会网络、人力资本、社会资本、政治资本等无形资产损失及补偿和重置，区域社会经济系统和移民家庭可持续生计系统重建，移民与安置区非移民的社会整合。其具有以下特点：①非自愿移民本质。工程建设征地和水库移民在是否受征地与淹没影响和是否搬迁方面没有自由选择权，属于非自愿性移民。②移民规模大。水利水电移民尤其是水库移民，往往涉及整村、整乡、整县人口，迁移人口规模大。③复杂系统再造。水库移民涉及区域人口—资源—环境—社会—经济系统的功能调整、恢复、重建，十分复杂。④利益关系复杂。坝区与库区、上游与下游、左岸与右岸，可能涉及不同（省、市、县、乡）行政区域，政策法规、政治、经济、社会、文化体系等均可能有差异，"界河"工程利益关系复杂，具有冲突易发性。⑤社会经济整合不易。异地安置和后靠安置均涉及移民与安置区非移民在土地资源、公共设施、社会服务、就业机会、政治权力、发展机会等方面进行机会公平、资源分享、利益调节、均衡发展的社会经济整合难题。⑥移民家庭系统性损失严重。移民家庭失去土地、职业、生计、收入来源、住房、财产、社会网络、社区生产生活、宗教文化场所，损失严重。⑦移民安置意愿各异。移民家庭人口、资源、社会、经济条件不同，在迁移去向、安置方式、生计与收入恢复、房屋重建等安置方面需求各异，许多移民具有一定的选择权。⑧移民精神压力大。在补偿、迁移、安置、重建中，移民的生产生活和精神受到巨大的冲击。⑨移民社会适应不易。生活和生产方式调整不容易，语言环境适应不容易，社会网络重构不容易。⑩计划性与市场性并存。移民活动与工程建设在时间、空间上需要匹配，移民活动的复杂性、系统性、长期性、跨区域性、多利益主体性，都决定了移民活动要有中长期规划和具体实施计划，需要政府的强力介入、主导、组织、协调、实施和监督。移民活动处于市场经济环境中，各类财产（土地、房屋等）征收补偿和重置、各类资源调整（生产安置和住宅用地）补偿、公共设施建设等必须符合市场经济自愿、等价、公平交换的原则。

移民问题明显制约了水利水电工程的经济与社会可行性。移民投资在工程总投资中占有相当大的比重，且呈增加趋势。移民工作在工程建设中占有决定性地位，移民必须先行于工程。移民在社会发展中具有重要的地位。移民是世界上水电开发最具有争议的影响之一。

新中国成立后前35年的水库移民造成了大量的遗留问题。大部分水库移民存在吃水难、用电难、上学难、就医难、行路难、住房难、种地难、收入低等诸多遗留问题，以至于在1985年后处理20年仍然难以彻底解决。水库建设导致了大规模的移民次生贫困，产生了"负示范效应"。许多水库建设形成了"先进的工程、落后的库区、贫困的移民"。1985年后移民政策法规、规划设计和实施管理虽然不断完善,移民生产生活条件不断改善,特别是2006年水利水电移民新政策实施后显著改善了移民安置状态,但由于中国人多地少的国情、城乡二元结构的差异、欠发达地区城市化与农民非农化转移不易,以及社会经济快速发展等多种因素,"移民难"这一社会现象仍然没有根本改变。水利水电移民成为工程建设最主要的制约因素,成为重大社会问题之一,水利水电移民成为导致社会失稳的最主要活动之一,而移民群体也成为当今中国社会最不稳定的群体之一。

在可以预见的未来一段时间里,水利水电工程移民仍然无法避免。中国的城市化将从2011年的49.6%提高到70%~80%甚至更高比例,城市需要淡水供应、防洪、排水、电力供应、污水处理设施。能源短缺,节能减排,需要尽可能开发利用清洁的水电能源。水土保持需要调整土地利用方式。水环境保护需要调整湖泊、河流利用方式。应对策略气候变化需要建设更多的水利基础设施:灌溉水源工程、城市和工业供水、海堤建设、河道防洪设施。而这些工程建设无疑需要占用大量的土地进行建设,征收土地、拆迁房屋及其产生的人口迁移和社会经济恢复重建活动就成为必然。

移民问题的解决,必须依靠科学的理论指导,采用科学的方法,有大批高素质的专业人才具体筹划、决策与实施。因此,移民科学研究、学科建设和人才培养作为基础性工作就极为重要了。

20世纪80年代后期,河海大学在国内率先开展了移民科学研究活动,1992年经水利部批准创建了世界上第一个非自愿移民研究机构——(水利部)水库移民经济研究中心，后创建河海大学中国移民研究中心。20多年来，该中心既承担大量的移民基本理论、方法的研究，也结合三峡、小浪底、南水北调、西部水电开发、首都机场扩建、高速公路和铁路等大型基础设施建设和生态移民、扶贫移民、城市污染企业迁移等进行应用研究。完成的研究成果在国内外产生了广泛的学术影响。目前，在国际上，河海大学被认为是研究非自愿移民问题最好的大学之一，特别是在工程移民、生态移民和环境移民等方面。中国移民研究中心已成为世行、亚行推荐的贷款项目移民业务咨询机构，以及移民业务培训方面在中国最主要的合作机构。

河海大学在不断推动移民科学研究的同时，还不断加强学科建设和人才培养，逐渐创立、开拓和初步形成了移民学学科体系。1988～1992年培养了中国乃至世界上第一批移民专业本科毕业生（水资源规划与利用专业水库移民专门化），1992年开始首创移民学博士、硕士研究方向，先后在技术经济与管理二级学科内设立了工程移民科学与管理方向，在社会学设立移民社会学方向，在人口学学科设立人口迁移与流动方向，在土地资源管理学科设立建设征地拆迁管理方向，在行政管理学科设立移民管理学方向，在社会保障学科设立移民社会保障方向，形成了不同学科的移民分支研究领域。2004年，经过国务院学位办公室备案同意，在国际上首次在管理科学与管理学科设置了移民科学与管理二级学科。施国庆教授于1999年在国际上首次提出建立水利水电移民学的学科设想，2002年在南京举行的移民与社会发展国际研讨会上进一步系统地提出了"移民学"建设总体框架。20多年来，河海大学不仅在移民科学学科创立和建设方面做出了自己的贡献，也为政府部门、研究机构、规划设计单位、咨询机构、大中型建设项目单位、实施机构、高等学校和科研机构等培养了一大批移民专业或者方向的博士、硕士和本科毕业生,这些毕业生活跃在中国各个行业的移民领域,已经成为中国移民行业的专业学(技)术带头人或者学(技)术骨干。

河海大学在移民科学领域的国际学术交流与合作方面,有广泛的影响和合作。河海大学建立了与世界银行、亚洲开发银行、欧洲投资银行、国际水电协会、国际水资源学会、英国海外开发署等多边和双边合作国际机构的长期合作关系,与德国、英国、美国、法国、南非、加拿大、荷兰、印度、土耳其、日本、韩国、印度尼西亚、哥伦比亚等国家移民机构或者学者开展学术联系,并进行了多次富有成效的双边或多边国际学术交流,与世行、亚行合作举办了20多次移民研讨会(班)。

为了进一步推动具有中国特色的移民学学科的建立和发展,推动移民科学研究为中国社会经济可持续发展、以人为本的和谐社会的建设服务,在社会科学文献出版社的大力支持下,河海大学中国移民研究中心决定以"水利水电移民系列专著"形式,将近年来在中心工作的学者及毕业的博士研究生有关水利水电移民的研究成果予以出版,以供国内外从事移民研究的学者、政府官员、规划设计人员、实际工作者和相关专业的研究生、本科生分享和参考。

施国庆

河海大学中国移民研究中心主任、教授、博士生导师

2011年6月8日于南京

目 录

前　言 …………………………………………………………… 1

第一章　农村人口城镇化及其基本模式分析 …………………… 1

第二章　水库移民城镇化安置的紧迫性分析 …………………… 27

第三章　国内水库移民城镇化安置探索 ………………………… 44

第四章　楚雄青山嘴水库移民城镇化安置模式的分析 ………… 63

第五章　水库移民城镇化安置经验与问题识别 ………………… 85

第六章　水库移民城镇化安置要素与分析框架 ………………… 94

第七章　水库移民城镇化安置模式 ……………………………… 110

第八章　水库移民城镇化安置的社会管理与服务需求 ………… 125

第九章　水库移民城镇化安置社会风险及其管理 ……………… 134

第十章　城镇化安置移民社会有序管理机制建设 ……………… 163

第十一章　结论与建议 …………………………………………… 179

参考文献 ………………………………………………………… 183

图 目 录

图2-1 我国城镇化水平（1949~2009年） ……………… 28
图2-2 1978~2006年我国城乡二元对比系数变化情况 … 31
图2-3 2011年我国城乡收入对比 …………………………… 32
图2-4 2006~2011年云南省城镇居民人均可支配收入
　　　及其增长速度 …………………………………… 33
图2-5 2006~2011年云南省农村居民人均纯收入及其
　　　增长速度 ………………………………………… 34
图9-1 各类风险潜在性分布 ………………………………… 152

表 目 录

表 2-1　2002~2011 年全国城镇人口比重 …………… 29
表 4-1　移民样本户经济收入抽样调查统计表 …………… 76
表 6-1　水库移民城镇化安置要素演变理论框架 ………… 106
表 7-1　多角度视角下的水库移民城镇化安置路径
　　　　比较 ………………………………………… 120
表 7-2　不同城镇安置模式下水库移民安置要素演变
　　　　政策选择 …………………………………… 122
表 9-1　水库移民城镇化安置社会风险评价指标体系 …… 149
表 9-2　各类风险潜在性分析 ………………………… 151
表 9-3　各类风险等级评定表 ………………………… 153

前　言

　　水能资源是我国重要的可再生能源资源，主要分布在西部地区，约70%在西南地区。目前乃至今后水利水电建设的重点是金沙江、雅砻江、大渡河、澜沧江、黄河上游和怒江等流域。然而，水能资源的开发离不开水库的兴建，水库的兴建离不开移民。移民问题已经成为我国水利水电发展的重要制约因素之一。水利水电工程移民能否妥善安置，关系到工程建设的成败，也关系到社会的安定与和谐。做好移民安置工作，不仅能保证国家重大工程建设项目顺利实施，而且是保障移民群众的根本利益、贯彻落实科学发展观以及构建社会主义和谐社会的根本要求。

　　因为水库移民的主体是农民，其长期生活在农村并从事与农业相关的生产，所以大农业安置一直是我国最重要的水库移民安置方式。但这种方式目前越来越暴露诸多不足，一方面受到耕地资源短缺、库区环境容量不足和土地承载力有限等因素的制约；另一方面我国正处在社会转型和城乡统筹的大背景下，农民自身的观念和利益诉求也在发生很大的变化。传统的大农业安置已经越来越难以满足移民工作需要，创新水库移民安置方式成为移民工作的一项重要内容。

　　我国目前城乡二元结构发生深刻变化，正处在城镇化加速发展的阶段，即城镇化率由30%增长到70%的阶段。2010年我国城镇化率达到50%，但各地的城镇化发展水平不平衡。如云南省城镇化发展相对滞后，2010年城镇化率仅为35.2%。为了加快云南省城镇化的建设步伐，云南省人民政府进行了大胆探索和实践，提出了"城镇上山、工业上山"的农村人口梯度转移的城镇化发展战略。

十八大以来，党和政府把城镇化提升到国家战略的高度来认识，提出新型城镇化的发展道路。新型城镇化的"新"就是要由过去片面注重追求城市规模扩大、空间扩张，改变为以提升城市的文化、公共服务等内涵为中心，真正使城镇成为具有较高品质的宜居之所。2013年12月召开的中央城镇化工作会议进一步明确提出：城镇化是现代化的必由之路。推进城镇化是解决农业、农村、农民问题的重要途径，是推动区域协调发展的有力支撑，是扩大内需和促进产业升级的重要抓手，对全面建成小康社会、加快推进社会主义现代化具有重大现实意义和深远历史意义。

如何结合城镇化进程创新安置方式、创新社会管理模式，顺利进行水库移民的城镇化安置是亟待研究解决的重要课题。国家和有关省（市）为水库移民城镇化安置出台了相关政策。《大中型水利水电工程建设征地补偿和移民安置条例》第十三条规定：对农村移民安置进行规划，应当坚持以农业生产安置为主，遵循因地制宜、有利生产、方便生活、保护生态的原则，合理规划农村移民安置点；有条件的地方，可以结合小城镇建设进行。云南省人民政府在《金沙江中游水电开发移民安置补偿补助意见》中提出"立足长效补偿机制、实行六种安置并举、建立产业发展资金、享受统一后期扶持"的工作思路。

目前已有一些地区对水库移民城镇化安置模式进行了初步实践，如珊溪水库、棉花滩水库、飞来峡水库、百色水利枢纽工程、小浪底水库和丹江口水库等。珊溪水库将非土地安置的移民安置在经济发达、市场繁荣并有就业机会的城镇或集镇，户口"农转非"，免缴城市增容费，享受城镇居民待遇；飞来峡水库以城镇为依托对移民进行就地集中安置；百色水利枢纽工程依托集镇，采取以店面房屋从事第三产业或组织外出务工等方式进行安置。

云南楚雄州结合地方资源与经济社会的实际，在吸收国内外先进经验的基础上，在青山嘴水库移民安置中创新性地使用了以城市楼房安置为主的集中安置方式。城市楼房安置方式是指由政府统一建盖楼房，移民享受20年生活补助，根据自己的补偿费用和实际情况按成本价购买住房的一种方式。青山嘴水库以城市楼房安置为主的城镇化安置方式，统筹了城乡一体化发展，顺应了城镇化发展方向，推进了城镇化进程。青山嘴水库移民城市楼房安置方式满足了新时代移民的意愿和要求，符合《大中型水利水电工程建设征地补偿和移民安置条例》的精神和原则，是我国水库移民安置方式中一次大胆的探索和创新，或将成为我国水库移民安置方式的发展方向。

水库移民城镇化安置后，其生产生活要素的变化是全面性的。这种变化具有突变性、颠覆性和不可逆性。水库移民城镇化安置要素涉及各种社会经济表征或支撑要素。在总结上述实践的基础上，按照水库移民城镇化安置要素演变方向，本书构建了水库移民城镇化安置演变的理论分析框架。水库移民城镇化安置要素分为基础设施与公共服务设施、居住、生活方式、生产资料、生计方式、身份归属、教育资源、社会保障、社区管理与服务九大方面。同时，不同方面又有不同的要素。按照理论分析框架，水库移民从原有的生产生活状态转换成另一种状态后，需要辅助以相应的政策措施，以保证水库移民城镇化安置和社会管理创新的顺利进行。

水库移民城镇化安置方式的选择要放在我国经济社会发展的格局中，通过我国城乡经济社会一体化来解决移民安置中的生产生活问题，实现移民安置区的可持续发展。同时，根据各地移民安置的实际情况，各级地方政府及其有关部门也要进一步健全相关的体制和制度，以保证各项政策的顺利实施。

河海大学和楚雄州移民开发局共同组织了课题研究。河海大学中国移民研究中心施国庆、孙中艮、张虎彪、伊庆山、李雅轩、韩笑、梁娟、麦修和楚雄州移民开发局李文、何明智、苏正玺、彭学禹、沈如青等参加了研究，并参与著作撰写。在调查研究过程中，我们得到了楚雄州人民政府、楚雄州移民开发局、楚雄市移民开发局、栗子园社区管理委员会和青山嘴水库移民群众的大力支持和配合，在此一并表示感谢。

由于水库移民城镇化安置及社会管理创新研究尚处于起步阶段，而且时间仓促，本书难免存在一些缺陷和不足，敬请各位领导和专家学者不吝批评指正，以便再版时修改。

第一章
农村人口城镇化及其基本模式分析

第一节 农村人口城镇化的基本定义和特征

农村人口城镇化,是我国社会现代化的一大战略任务,也是改革开放以来我国经济、社会变革中的一大综合组成部分。近几十年来,我国农村人口城镇化进程的形态已经基本明晰,"中国特色的城镇化途径"正在逐步发展。此时,跟踪研究农村人口城镇化进程中的有关性质,认识其规律,并及时掌握动向,有助于推动城镇化进程的合理化,有利于提高城镇化发展的效率,对研究水库移民的城镇化安置和社会管理创新也具有基础性意义和重要价值。

一 农村人口城镇化的基本定义

广义的城镇化,既包括农村人口向城镇的转移,即农民的市民化,也包括农业工业化之后农村生产与生活方式的现代化和市场化。所谓人口城镇化,是指在人类社会发展过程中,人们的居住方式和生活方式,由昔日的落后局面演变成现代的、进步的状况。狭义的城镇化是指农村人口转化为城镇人口的过程。反映城镇化水平高低的一个重要指标为城镇化率,即一个地区常住于城镇的人口占该地区总人口的比例。城镇化是人口持续向城镇集聚的过程,是世界各国工业化进程中必然经历的阶段。当前,世界城镇化水平超过50%,有一半以上的人口居住在城市。城镇化通常表现为:第一,农村人口大量移入城市;第二,随着人口的不断增加，城市成为政治、经济、文化教育的中心，与此同时，农业逐步实现工业化，农村逐渐实现现代化。人口城镇化是人类社会发展的必然趋势，是经济发展到一定阶段的产物。国家现代化水平越高，城镇人口比例也越高。改革开放以来，我国人口增多，工业发展，经济增长，必然导致人口的城镇化。

农村人口城镇化，是指农村人口非农化和地域的转移，以及其社会生活方式向城镇化转变的过程。积极引导农村人口向非农产业和城镇合理有序流动，对于加快农村建设小康社会进程具有非常重要的意义。加快农村人口城镇化进程是促进农民增收的有效途径。造成农民收入过低和增长乏力的长期性、根本性原因是农民过多，耕地急剧减少。如果大多数农民进城，适当地集中，可以大大缓解我国耕地紧张的状况，提高农业的适度规模经营，农民的人均收入也会得到大幅度提高。加快农村人口城镇化进程是提升农村现代文明程度的重要手段。农村劳动力在城乡间流动、转移中，无形地将城市文明带入农村，对在乡下的农民的思想观念、生计方式和生活习惯产生了潜移默化的影响，引导相对闭塞、落后的农村逐步融入时代主流。而当前加快农村人口城镇化进程最直接、最有效的一项措施是实施劳务输出工程。离乡又离田的群众会实现农业身份的转变；离乡不离田的群众随着收入的提高，会不断改善居住环境，促进农村落后面貌的改变，加快农村人口城镇化进程，成为扩大内需、促进农村经济增长的持久动力。从我国的现实国情看，小城镇是吸纳农村人口的主要"容器"，而小城镇的雏形是农村的集市，当前其正由农业为主向多业并举转变，并没有完全从农村的框架中摆脱出来。加快农村人口城镇化进程，仅仅靠将农村劳动力转移到工业中是远远不够的，必须引导更多农村劳动力进入第三产业。以加快小城镇建设为基础，引导农村人口向小城镇转移，可缩小城乡居民收入差距，拉动规模消费，为农村经济持续增长提供强大、持久的动力。

党的十八大报告关于加快完善社会主义市场经济体制和加快转变经济发展方式这一部分，其核心内容可以理解为"一个中心，六个强调"。一个中心，即"以经济建设为中心"；六个强调,即强调"新型工业化和城镇化协同,工业化和信息化协同",强调"创新驱动发展战略,协同创新",强调"扩大内需和发展实体经济",强调"城乡发展一体化",强调"全面提高开放型经济水平",强调"全面深化经济体制改革"。实现"两个加快"要更清晰地划分政府和市场的角色,坚持两个毫不动摇,实施创新驱动发展战略,推动城乡一体化发展。十八大关于农村城镇化的主要核心议题在于推动信息化和工业化深度融合、工业化和城镇化良性互动、城镇化和农业现代化相互协调,促进工业化、信息化、城镇化和农业现代化同步发展。这对于实现农村城镇化有极大的推动作用,同时,在一定程度上对于实现城镇化向现代化发展也将起到积极的作用。

二 农村人口城镇化的主要特征

我国农村人口城镇化的主要特征可分新中国成立后到改革开放前和改革开放后两个不同时期进行阐述。

1. 新中国成立后到改革开放前的农村人口城镇化特征

(1) 起点低

经历了抗日战争和解放战争的新中国处于积贫积弱的状态,生产力水平较低,城市化水平低,城市建设的基础相当薄弱,这使得农村人口城镇化的起点较低。

(2) 地区发展不平衡

新中国成立后,国家制定了农村支持城市,先发展城市的方针政策,全力发展城市经济。由于受资源、地理位置等的限制,国家优先发展沿海等资源丰富、地理位置优越的城市。这在一定程度上造成了全国区域间发展的差异和不平衡。被城市发展带动的农村人口城镇化也同样受到国家相关政策和地区城市经济发展的影响,呈现地区发展不平衡的特征。

2. 改革开放后的农村人口城镇化特征

改革开放以来,人口城镇化成为一股由经济利益驱动的不可阻挡的潮流,具有以下两个明显的特征。

(1) 人口城镇化绝对数增多,速度加快

从农村迁入城镇的人口在 20 世纪 80 年代后期比前期净增

150万，农村迁出人口中迁入城镇的人口比重增加了3.11%。人多地少，就业矛盾突出，推动农业人口向城镇工业部门不断转移。1949~1983年，农村人口由48402万增加到78369万，年均增长率为1.4%；适龄劳动力由33700万增加到44747万，年均增长1.9%；在业劳动力由16549万增加到34258万，年均增长2.1%，农村劳动力的增长速度快于人口的增长速度。与此同时，耕地面积却有所减少。1991、1993年的减少量分别为34万亩、437万亩，1994年达到最高峰，减少596.9万亩。虽然农、林、牧、副、渔各业的发展可吸收相当一部分农业剩余劳动力，但农村人口城镇化也势在必行。

以家庭联产承包责任制为核心的农地制度改革，激发了广大农民的劳动热情，增加了劳动供应，推动农民走向城镇。中国农村改革的核心是国家把土地等经济资源的实际支配、使用和收益权重新还给农民，允许农民把劳动剩余转化成生产性投资。这场改革围绕土地产权问题展开，取得了实质性进展。随着财产权利和身份自由的恢复与部分恢复，追求收益最大化的"理性人行为"加上市场需求导向，使农村剩余劳动力纷纷离开土地，进入城镇。

工农业"剪刀差"挫伤了农民对土地这一经营对象的积极性，促使大量的农业劳动力涉足非农产业，这在一定程度上推动了农民走向城镇。国家通过农业产品不等价交换和税收等形式牺牲农业，为工业提供大量资金积累。近年来虽然农产品价格一提再提，但农业基本生产资料，如水、电、化肥等价格也水涨船高，农民种田仍无利可图，大量农民放弃土地转谋他业。

（2）人口城镇化水平相对落后

我国人口城镇化的发展总体还比较滞后。新中国成立初期，实现工业化成了当时压倒一切的目标。一方面，在满足工业发展所需劳动力的前提下，尽可能减少农村人口变成城市人口的数量，以提高积累等来加快工业化速度。因为城镇人口的增加是与消费资金和生产性投资支出增加联系在一起的。另一方面，为达到工业化目标而选择的以重工业为主的资本密集型道路，使劳动力就业结构的变化大大落后于产值结构的变化。同时，忽略、限制城市消费和第三产业的发展，又使服务业这一最能吸收劳动力的行业日趋萎缩。

现行的户籍制度是阻碍人口城镇化的又一道鸿沟。其核心是对"农业人口"转为"城市人口"的严格限制。中国的"城市人口"具有特殊含义：享有农村人口无法得到的特权，包括平价粮油的供应、公费医疗、住宅和其他各种福利保险待遇，以及农村人口无法逾越的就业特权。增加一个城市人意味着增加一份这一方面的支出。农村人口若不是因升学、有计划招工、参军、提干等，就永远都是乡下人。这种严格的城乡隔绝制度使我国人口城乡结构的变化大大落后于其他国家。

家庭联产承包责任制的实行产生了大量的农村剩余劳动力，使农村人口城镇化成为可能，其意义是不言而喻的。但它对农村人口进一步城镇化的制约也显现出来。首先，它弱化了土地的规模经营，使转向非农产业的劳动力难以彻底摆脱土地的束缚。其次，它强化了"兼业经营"，使农民多选择家庭兼营的方式和户办、联办的小规模分散经营，经济效益低下。

我国城市化的重点明显地偏向大城市，小城市的发展被忽略，东、中、西部地区发展极为不平衡，大大延缓了人口城镇化的进程。

第二节 农村人口城镇化的历史沿革

从农村人口流动方面来看，发达国家在城市化和工业化进程中，自始至终未对农民向城镇迁移流动设置制度门槛，居民在城乡之间的流动是工业化和城市化的自然结合。但在我国，城乡居民的流动受到各种制度的限制，农民向城市流动和迁移受到严格的限制，特别是在计划经济时期。我国关于人口流动的制度安排可以分为四个时期。

一 第一个时期：1949~1957年

这是农村劳动力较大规模进入城市就业的时期。新中国成立初期，大批军人复员，其中一部分回到了农村，分到了土地，一部分军队干部及其家属进入了城市；社会政治生活的稳定也使大量在战乱时迁移到农村的城市职工再次返城。1950~1952年是国民经济恢复时期，我国城市人口数量由5765万增长到7163万，净增长1398万，城市人口比重也由10.6%上升到12.5%，这是城市人口迁入较多的时期。1953~1957年是我国实施第一个五年计划的时期，国家开始大规模地搞经济建设，从农村吸收了大批劳动力，工业化的发展加速了城镇化的进程。这一时期由农村迁移到城市的人口为1500万，城镇人口比重从12.5%上升到15.4%，总数量达到9949万。

二 第二个时期：1958~1961年

我国在这一时期建立起了完善的控制农民进城的制度体系。为了解决城市粮食问题，我国在1954年全面实施粮、棉、油的统购统销政策，对城市居民实行凭票供给制度，这项制度对农民向城市迁移设置了严格的屏障，因为在计划经济体制下如果没有粮油户口，农民即使进入城市也无法生存。1956年年底农业合作化基本实现，1958年实行人民公社制度，继而掀起"大跃进"高潮，社会制度变革和经济发展战略的急躁冒进，导致社会经济发展损失惨重。随后我国发生了严重的三年自然灾害，加之与苏联的关系恶化，经济建设出现了严重的危机，产生了全国性的"盲流"问题。这些所谓的"盲流"，本想从农村流动到城镇寻找就业机会和生活出路，但就业无望，大多数只好在城市逃荒要饭。为了限制农村"盲流"入城，1958年1月，我国公布实施了《中华人民共和国户口登记条例》，1959年发布了《关于制止农村劳动力盲目外流的紧急通知》。这些法规政策明确规定，严禁粮食部门向没有城市户口的人员供应粮食，遣返自行流入城市和工矿企业的农民并禁止工矿企业私自招用农村劳动力，防止农民弃农经商，保姆与临时工也应当优先在城市居民中招雇，等等，限制农民向城市迁移。随着人民公社化运动的完成和城乡户籍管理制度与粮油供应制度的建立，城乡之间筑起了极为严格的封闭界限，农民根本不能自由流入城市。

三 第三个时期：1962~1979年

国家通过颁布一系列的制度，一方面，遣返已经进入城市、由农民转化而来的新市民，1961~1963年全国据此精简城市职工1800万人，压缩城市人口2600万人；另一方面，号召城镇知识青年上山下乡和城镇干部、职工到农村就业。1962~1979年全国累计下乡的城镇知识青年达到1776万人，约有几百万的城镇机关干部和职工下放到农村劳动。除1962~1964年城镇人口自然增长率高于农村外，其他各年均低于农村。在这一时期，农村人口流向城市的渠道只有征兵、大学教育、干部提拔等有限途径，数量非常有限，城镇人口增长主要依靠自身增长。由于农村人口基数大于城镇，农村人口增长高于城镇人口增长，城镇人口比重长期徘徊不前，1964~1974年城镇化率从18.37%降低到17.16%，逆城镇化特征明显。1974年以后，随着国民经济政策的部分调整，一些国民经济的关键部门逐渐恢复了生产，城镇产业增加了就业需求，扩大了在农村招工的规模，逆城镇化趋势才有所缓解。

四 第四个时期：改革开放以来

1. 改革开放初期

改革把农民从过去固定的职业、居住、身份等管理体制下解放出来，农民有了兼业和进行其他产业经营以及外出劳动的自由与权利。这种权利产生了两个积极的效果：一是促进了乡镇企业的发展；二是促进了农村富余劳动力区域间的职业流动，特别是向城市流动。乡镇企业的发展和农村劳动力城乡间的职业流动，特别是向城市流动，使许多农村劳动力及其家属的实际身份发生了变化，但这部分农村劳动力职业身份的转化更多地源于市场机制的作用，政府相应的政策改革显得滞后。

20世纪80年代中后期，我国城市经济处在快速发展阶段，特别是东部地区新兴城市的崛起和乡镇企业的发展以及外来资本的进入，产生了对劳动力的巨大需求，农村富余劳动力向发达地区和城市的流动逐渐形成了一定规模，成为我国独具特色的"民工潮"。据国家统计局的一项统计数字，2002年我国流动人口数量已超过1.2亿，从乡村流出的占73%，流入城镇的占74%。每年在城乡间流动的"民工潮"，在居住地农村和就业地城镇间辛苦奔波，却得不到就业地城镇的身份确认，在社会保障、就业、居住、教育等许多方面，农民工得不到与城镇劳动力同等的待遇，许多城市还向外来农民工收取就业费用。农民工为城市经济的发展做出了巨大贡献，却很难在城镇立足，这是我国当前最大的城乡不平等。

限制农民进城的主观因素是观念，对农民认识的偏见限制了对农民政策的大胆突破和对传统制度的变革。限制农民向城镇迁移和就业的制度是系统化的，城市相关的就业制度、福利制度、教育制度和社会保障制度的确立都是以户籍制度为基础的，因此户籍制度的改革要以实现农民向城镇有序流动为核心。但户籍制度改革到今天仍然没有实质性的突破，它仍然是限制农民向城镇迁移的最大藩篱。后来国家开始对长期实行的严格限制农村人口向城镇迁移的户籍制度进行渐进调整。1984年国务院发布了《关于农民进入集镇落户问题的通知》，规定进入集镇的农民在一定条件下可以办理自理口粮的非农业户口。1985年我国首次实行居民身份证制度，将户籍管理向现代化推进了一步。同年，公安部出台了《关于城镇暂住人口管理的暂行规定》，允许务工、经商、办服务业的农民自理口粮到集镇落户，这标志着我国公民在非户籍地长期居住的合法性的确立。1989年国家又强调严格户籍管理，严格控制"农转非"人口等定量控制办法。

2. 20世纪末期

20世纪90年代初，广东、上海等地先后废除粮票，取消了对人口流动的许多硬性限制。1992年国家开始允许各地对前来投资办厂、从事经营开发的人员有条件地办一些"当地有效城镇户口"，即"蓝印户口"，这年全国掀起了一股"买卖户口热"，农民可以花2000~4000元不等的价格买到一个小城镇户口，小城镇户口改革演化为某些地方政府或职能部门积累资本的一种方式。1993年1月起，国务院通令在全国范围内终止粮票流通，放开粮油市场价格，这使在城镇实行了30多年的粮油供给制度退出了历史舞台,其对农民进城的限制作用不复存在。1997年7月,国务院批转公安部《关于小城镇户籍制度改革试点方案》,规定试点镇具备条件的农村人口可办理城镇常住户口。1998年7月,国务院又批转了公安部《关于解决当前户口管理工作中的几个突出问题的意见》,解决了群众反映强烈的几个问题,比如,新生婴儿随父落户、夫妻分居、老人投靠子女以及在城市投资、兴办实业、购买商品房的公民及随其共同居住的直系亲属,凡在城市有合法固定的住房、合法稳定的职业或者生活来源,已居住一定年限并符合当地政府有关规定的,可准予在该城市落户。此政策的出台,标志着我国户籍改革由小城镇向城市过渡。2000年6月13日,中共中央、国务院下发《关于促进小城镇健康发展的若干意见》,规定从2000年起,凡在县级市区、县人民政府驻地及县以下小城镇有合法固定住所、稳定职业或生活来源的农民,均可根据本人意愿转为城镇户口,并在子女入学、参军、就业等方面享受与城镇居民同等待遇,不得实行歧视性政策。城镇户籍制度的松动,无疑是改革开放以来户籍制度改革的重大成果,具有重要的意义,但范围和层次极其有限的小城镇户籍改革并没有从根本上动摇二元户籍制度的统治地位。而且许多城市在开放政策上有特殊规定,如符合省、市规定引进的各类优秀和紧缺人才,在城市投资一定数额、举办具有一定规模的实业或连续纳税达到一定数额,在城市购买商品房达到规定人均住房面积标准,等等,符合条件的才允许为其及其配偶、未成年子女办理城市常住户口。这些条件对城市吸引人才、促进城市发展具有积极的意义,但对于广大普通农民来说却只能望"城"莫及。除户籍制度限制外,有些地方政府还制定专门限制使用外来务工人员的行业和工种的详细名录,严格规定某些行业严禁农民工涉足,从而对农民工进城产生了巨大的排斥力。

3. 21世纪初期

21世纪以来,为适应农村劳动力流动的总体趋势,保护农民工的利益,国家积极地进行了制度调整,加快了改革的步伐。2001年国家发展计划委员会和财政部联合发布了《关于全面清理整顿外出或外来务工人员收费的通知》,要求"凡未经国务院和省、自治区、直辖市人民政府及所属财政、价格主管部门批准的行政事业性收费项目,一律取缔。符合上述规定权限和程序设立的行政事业性收费,也要重新审核,除证书工本费外,暂住费、暂住(流动)人口管理费、计划生育管理费、城市增容费、劳动力调节费、外地务工经商人员管理服务费、外地(外省)建筑(施工)企业管理费等行政事业性收费一律取消"。国家政策的调整促进了农村劳动力向城镇的有序流动,2002年全国农村劳动力到乡以外就业的人数超过9400万,占乡村总劳动力的20%,人均务工收入438.2元,占农民人均纯收入的41.8%。在户籍管理方面,许多县级市、县人民政府驻地、镇及其他建制镇,以具有合法固定住所、稳定职业或生活来源为条件,允许农民本人和其直系亲属到小城镇落户,采取措施清理户口历史遗留问题,对已在小城镇办理蓝印户口、地方城镇户口、集镇自理口粮户口的农民,只要符合条件就给其统一办理城镇常住户口。至2002年8月,全国为符合条件的953万多人办理了城镇常住户口。目前,江苏、上海、山东、浙江、四川等地也加大了户籍改革的力度,有些省市取消了"农业"与"非农业"的传统户口的划分,逐渐降低了进入大中城市的门槛,放宽了农民进城的各种限制,扩大了农民进城的机会。

第三节 农村人口城镇化的基本模式

农村人口城镇化,伴随着农业劳动力的转移,是指通过人口的迁移变化,将农村人口转为城镇人口。农村人口城镇化的主要模式有:就业转化、升学转化、当兵转化、城市征地拆迁转化、水利工程建设转化、灾害性移民转化等。

一 通过就业实现农村人口的城镇化

新中国成立初期至改革开放前,我国人口流动以计划性流动为主,人口流动的规模相对较小。改革开放以来,随着市场经济的发展以及相关体制制度的改变,我国人口流动空前活跃,这成为一个突出的社会现象。自1984年国务院《关于农民进入集镇落户问题的通知》发布以来，国家逐渐放宽了对农村人口进入中小城镇的限制，流动人口在规模上迅速扩大。通过就业使农村人口进入城市，成为城镇人口，是农村人口城镇化的重要途径。我国农村人口通过就业实现城镇化的方式主要有两种：小城镇就业和大中城市就业。

1. 小城镇就业使农村人口城镇化

乡镇企业的发展，为农村人口的城镇化提供了就业条件，从而形成了农村人口向小城镇迁移的"人流"，并以农村为基础、城镇为纽带，在城乡结合中带动农村人口城镇化。在乡镇企业务工的农民是小城镇人口增加的一个重要来源。我国小城镇的人口构成，其特点是亦农亦工人口占很大的比重，亦农亦工人口成为小城镇人口重要的组成部分。小城镇人口变动的特点，主要是一部分农村剩余劳动力转化为城镇劳动力，一部分农村人口转化为城镇人口。农村人口向小城镇的移动和聚居，促使小城镇的经济结构、人口结构等发生显著变化。农村人口城镇化促进了城乡人口分布结构的合理调整，促进了小城镇的物质组成要素的多样化、结构功能的复杂化，促进了适应我国国情的小城镇体系的形成和发展，促进了小城镇的建设。小城镇的发展，反过来也促进了农村人口的就业以及农村人口的城镇化。

2. 大中城市就业使农村人口城镇化

改革开放以来，农村人口不断进入城市就业，尤其是民工潮兴起，大批的农民进入大中城市工作，同时在城市安家落户，成为农村人口城镇化的主要力量。

根据"四普"数据估算，1990年全国流动人口数量达到2135万，到1995年，达到7073万。据2000年的"五普"数据，全国离开户口登记地半年以上的流动人口数量在1亿以上。2005年11月，全国流动人口已达到14735万。国家人口计生委2010年流动人口动态监测调查数据显示，1982~2010年，流动人口数量由657万上升到约2.2亿，并且主要流动人口为农民工。其特点，一是农村人口占全部流动人口的比例达80%左右，新生代农民工占全部流动劳动力的44%左右；二是举家流动趋势明显，家庭成员共同居住的超过2/3，人口流动呈现长期化趋势；三是新兴都市圈、中西部中心城市和次中心城市成为新的人口聚居区。根据专家研究,"十二五"时期,流动人口规模还将保持在2亿以上。

由此可见,随着流动人口的增加,农村人口进入城市就业,并逐渐实现城镇化,这是农村人口城镇化的重要路径,也是农村人口城镇化的趋势所在。

二 通过升学实现农村人口的城镇化

升学是农村人口城镇化的重要途径,尤其是自1977年我国恢复高考制度以来,每年通过高考进入城市的人口不断增加,越来越多的农村人通过升学改变自己的命运。2005年全国普通高校招生报名人数总计867万,2006年950万,2007年1010万,2008年1050万,2009年1020万,2010年957万,2011年933万,2012年900万。参加高考的人口中有部分是农村人口,他们通过高考进入各类高校,伴随而来的是他们的农村户口转变为城市户口。

同时,来自农村的学生在毕业后,只有极少部分会回到农村从事农业,大部分留在了城市,由此,他们也逐步实现了城镇化。2005年全国普通高校毕业生人数达到338万,2006年为413万,2007年达到495万,2008年达到559万,2009年达611万,2010年为631万,2011年达660万,2012年为680万,高校毕业生数量不断上升,同时城镇就业人口也持续增加。"十一五"期间,我国就业规模不断扩大,就业结构进一步改善。5年中,全国城镇新增就业人口5700万,城镇登记失业率控制在4.3%以内。农村毕业生的城镇就业人数不断增加,农村毕业生在城镇就业是农村人口城镇化的重要途径和组成部分。

三 通过部队转业实现农村人口的城镇化

1. 转业干部安置政策演变过程

新中国成立初期,为了国家经济建设和国防建设的需要,国家对部队转业的军人进行回乡转业安置。这部分转业安置人员中,有相当一部分进行了城镇化安置,并给予了一定的政治待遇。改革开放后，党和政府依然将部队转业干部的安置工作视为政局稳定、经济繁荣的大事。在国家政策的推动下，部队转业人员中，有很多军人以赋予政治待遇、给予城镇就业岗位的方式在城镇定居下来。但新时期的部队转业军人中，被安置对象逐步过渡到在部队担任一定职务的军人干部。根据《国防法》《兵役法》《现役军官法》等有关法律法规，中央和国家机关与军队有关部门共同组织力量，经过一年多的深入调查研究、反复论证修改，形成了《军队转业干部安置暂行办法》，《暂行办法》集中体现了党的三代领导人对军转安置工作的重视，同时为军队军官的转业提供了有力保证。

2. 军队转业安置的现状

我国农村人口以当兵的方式实现城镇化主要是通过军队干部的转业安置实现的。新中国成立以来，党和国家根据各个时期的不同情况，制定了一系列安置政策，使 350 多万军队转业干部得到妥善安置，促进了国家和军队的建设以及社会政治的稳定，同时也顺利地实现了农村籍军官的城镇化。尤其是改革开放以来，随着我国经济体制的重大转变，社会各个领域发生了深刻变化，军队干部的转业安置工作也在不断变化。我国不同时期对军队干部的转业安置政策在一定程度上促进了农村籍军官向城镇转移。

四 城市征地拆迁实现农村人口的城镇化

1. 城市征地拆迁使农村人口城镇化的含义

20 世纪 80 年代以来，随着工业化、城市化的加速发展，大量的农业用地转为非农产业用地，据估计，2001~2010 年，全国非农建设占用耕地 123.33 万公顷，随之而来的是大量农民失去了土地，于是大量的失地农民转变为城镇居民，实现了由农村人口向城镇人口的转变。同时，随着城市化进程的加快，城市规模不断扩大，大量的城郊土地被用于城市建设，大量的城郊居民转变为城镇居民，实现了农村人口的城镇化。

2. 城市征地拆迁使农村人口城镇化的方式

城市征地拆迁产生的失地农民，其城镇化主要是通过政府的安置政策实现的。我国政府对于失地农民采取多种安置模式，主要有货币安置、重新择业安置、社会保险安置以及混合安置等。

货币安置模式是指失地农民依照自身意愿可以选择一次性货币支付或分期支付补偿方式。一次性货币支付补偿方式是将征地补偿费和安置补助费一次性给予失地农民，让其在城市自己购置住房，自谋出路，自行安置。分期支付补偿方式是指变一次性支付为分期支付，根据当地的经济发展水平、就业状况、产业结构状况以及农民的生活水平等多种因素，综合确定一个合理的基本生活保障线，并依据这个基本保障线按照一定的时限付给失地农民一定的费用作为征地补偿费，该基本生活保障线随着经济发展和生活水平的提高而不断进行调整。这种安置模式能保障失地农民进入城市后的基本生活。

重新择业安置模式是指土地被征收后，原土地使用者通过政府引导、各部门扶持而有序地从农业生产行业转向其他生产经营方式的安置模式。这种安置模式使失地农民能够及时实现再就业，并有较为稳定的收入来源，保障其基本生活，同时，能顺利地实现城镇化。

社会保险安置模式是指把被征地农民的基本生活纳入城市居民的社会保障体系之中，将征地补偿费用于支付失地农民的社会保险或商业保险，对需要安置的失地农民依据不同年龄和性别实行分类安置的一种补偿安置方式。这种安置模式为失地农民进入城镇提供了生活保障，有利于加快工业化、城市化的进程，同时有利于扩大社会保险覆盖面，促进城乡一体化，为农民实现城镇化解决了后顾之忧。

混合安置模式是针对当前在征地实践中形成的各种安置模式的优缺点，实行单一模式不能有效解决失地农民的安置问题而提出来的。为了适应社会主义市场经济的发展要求，有些地区开始采取混合补偿安置的方式，对适合货币补偿的部分采取货币补偿，对不便计算的部分则采取其他替代补偿的方法使失地农民的生活水平不降低，由此出现了货币+就业安置、货币+社会保险等混合安置模式。这种安置模式的出现和创新，对于实现失地农民的城镇化，不断提高其生活水平和竞争能力，保障其长远发展具有重要意义。

五 水利工程建设搬迁实现农村人口的城镇化

移民安置成功与否在很大程度上是水利工程建设成败的关键，其重要程度不亚于工程本身的重大技术问题和对生态环境的影响问题。水利工程建设移民城镇化安置是实现农村人口城镇化的重要方式。在进行水利工程移民安置中，以小城镇安置为主的安置模式，在加速农村人口城镇化的同时也加快了小城镇的发展。

1. 水利工程建设移民城镇化的含义和特点

在新中国成立后的 60 年中，大规模的经济建设造成了 7000 万以上的非自愿移民。单以水利工程移民为例，1949~2008 年，直接迁移的原迁移民人口就达到 1930 万。农村移民是否得到妥善安置，关系到农村移民的生活水平。农村移民安置的方式有多种，主要包括：后靠农业安置、货币安置、兼业安置、小城镇安置以及城市社区安置等。农村移民城镇化安置是实现农村人口城镇化的重要方式，从完整的含义上理解，包括适应我国目前推行农村城镇化发展、建设新局势、建立移民村镇与农村移民直接进入现有城镇实现就业的双重内涵。通过水利工程建设实现农村人口城镇化的路径，适用于社会经济发展水平较高、商品经济较为发达、区域人均耕地较少的地区。通过开发、建设小城镇，实行移民集中安置，并大力发展第二、三产业，辅以优质、高产、高效的农业以解决移民的就业问题。

2. 水利工程建设移民实现城镇化的路径分类

我国的移民城镇化安置主要分为小城镇安置和城市社区安置。农村移民主要通过这两种方式实现城镇化。

（1）小城镇安置模式下的农村移民城镇化

小城镇安置模式主要是指将农村移民安置在小城镇，加速乡村城镇化并实现农村移民的城镇化。水库移民的小城镇安置模式主要在飞来峡水库移民中比较成功地得以运用。飞来峡水库位于广东省北江干流，是一座以防洪为主，兼顾航运、发电等综合利用的大型工程，搬迁移民近 4 万人。飞来峡水库移民的安置采用了小城镇安置模式，保留了移民的部分耕地，做到"离乡不离土",既满足了部分移民传统的农耕生产方式,解决其基本的粮食来源,又利用邻近香港、澳门的优势,在城镇兴办工商业,通过来料加工,兴办玩具厂、皮革厂、灯饰加工厂等第二、三产业项目,以及发展高效农业等办法,解决移民的就业问题,促进移民人口的城镇化。

(2) 城市社区安置模式下的农村移民城镇化

城市社区安置模式是指在城市建立社区,对水库移民进行统一的安置。这一安置模式是对我国移民安置模式的一种创新,但目前实行还比较少。比较成功的案例是云南省楚雄州的青山嘴水库在栗子园社区进行的城市楼房安置方式。

青山嘴水库是国家发改委批准的2006年西部地区新开工建设的12项重点工程之一,同时也是云南省和楚雄州"十一五"期间的重点建设项目。水库总库容为1.08亿立方米。该水库的兴建,对促进地方经济发展、改善当地社会经济环境具有重要的意义。2006年10月国家发改委批准《青山嘴水库工程可行性研究报告》,水库工程建设征地涉及楚雄市东瓜、吕合两镇,水库淹没涉及4个村委会、34个村民小组。水库移民工作从2006年开始试点,2007年全面启动,到2009年6月全面完成,共搬迁安置移民1833户7249人,其中,城市楼房安置1676户7606人、城市宗地安置98户363人、农业安置42户150人、货币安置19户29人。搬迁安置以来,移民的生活和发展环境发生了根本性变化。据水规总院江河咨询中心的移民监测评估,2006年搬迁前移民人均纯收入是3264元,到2010年移民人均纯收入增加到8211元,翻了一番多,2011年年底移民人均纯收入已经达到9660元。目前,社区移民生活安定,生活水平有较大提高,社区安定和谐,移民安居乐业,水库移民逐步适应了城市生活,实现了城镇化转化。

六 灾害性移民实现农村人口的城镇化

1. 灾害性移民城镇化的内涵

灾害性移民城镇化安置是指将受干旱、洪水、狂风、暴雨、冰雹、地震、蝗虫、海啸、火山爆发、泥石流等自然灾害因素胁迫的人口迁移到城镇进行安置或者重建城镇安置社区，实现移民的城镇化安置。灾害性移民属于非自愿性移民的一种，具有强制性、突发性、区域社会性等特点。

1998年长江流域发生特大洪涝灾害后，中央政府出台了退耕还林、退田还湖、平垸行洪、移民建镇等政策，在长江流域的湖北、湖南、江西、安徽四省进行移民，共需迁移沿长江流域的群众62万多户，约246万人。在汶川地震和舟曲泥石流灾害后，整座城市被异地重建。2011年5月陕西省政府宣布，在未来十年陕南地区受地质灾害威胁严重的约280万人将被迁移出去。施国庆教授曾指出："从未来的发展趋势看，每年仍然将会有数百万人口因城乡建设征地、城市房屋拆迁而成为工程性非自愿移民，而据估计在2050年前，长江、淮河、黄河等流域洪水灾害防治以及其他自然灾害治理需要，可能导致500万人的迁移。"灾害性移民在中国正成为非自愿性移民领域中新的主力军之一，灾害性移民的安置备受关注。同时，灾害性移民安置也是实现农村人口城镇化的途径之一。

2. 灾害性移民城镇化的途径

灾害性移民实现城镇化主要是通过灾后重建城镇安置社区对灾害性移民进行统一的安置，或是进行农村人口的城镇转移，将灾害性移民直接迁移到其他城市进行安置。

汶川地震是新中国成立以来，我国大陆发生的级别最高、破坏性最强的地震。直接受灾人口1000多万，受灾面积超过10万平方公里。地震后，重建工作势在必行，尤其是无法在原址上进行重建的农村地区需要进行移民搬迁安置。在此形势下，政府新建了一系列的安置社区，用于安置农村移民。在四川绵竹、什邡、广元、都江堰等地区都建立了灾后移民安置点。截至2010年7月31日，成都全面完成受灾群众过渡安置，全市共建成集中安置点1543个、过渡安置房19.86万套，将那些原有房屋倒塌、已不能重建的农村移民进行统一安置，给移民提供住宅。同时，以城市第二、三产业为依托，通过技术培训等方式，增加移民的就业能力，实现移民的就业，由此逐步实现移民的城镇化。

第四节 农村人口城镇化的影响要素

一 体制要素

我国农村经济体制的形成,是在建立社会主义计划经济体制这一大背景下完成的。新中国成立后,国内经济建设的任务是双重的:既要加快发展农业,解决全国人民的吃饭问题,又要建成适应全国经济与社会发展要求的工业基础。但当时我国一穷二白,无法兼顾这一双重目标。不论从农业在产业结构中的地位和在国民经济中的发展状况看,还是从农村人口占全国人口的比例看,重点发展农业都应该放在首位。而在实际工作中,经济建设的重点却放在了工业上面。主要原因有两个:其一是要保证国民经济的持续增长,就必须确保国民经济结构的成功转变,而成功转变的基本途径则是农业比较利益偏低而促使社会资源由农业部门转向非农业部门;其二是农业潜在的扩张规模与趋势在需求方面必然受到缺乏弹性的约束,在供给方面则受到农产品商品率和吸纳科学技能的限制,这说明农业不可能成为促进国民经济持续增长的主导部门,经济发展战略的重点只能是实现国民经济工业化。

要实现国民经济工业化的经济发展战略,需要巨额启动资金。工业革命时发达资本主义国家的启动资金主要来自三个方面:企业资本的集聚、剥夺农民和掠夺殖民地。我国工业基础薄弱,靠企业自身的积累难以发展,而掠夺殖民地更无现实性可言。因此,要求农业、农民给予支持,成为我国筹集工业启动资金的重要途径。在实施过程中,该设想是通过工农业产品价格"剪刀差"的形成实现的,即通过价格"剪刀差"将部分农业利润转移到工业上,由此工业起步所需要的资金得到了部分解决。

毫无疑问,这样的倾斜政策的实施是排斥市场机制的,属于典型的高度集中统一的计划经济体制。在实践过程中所遇到的两大难题,只能依靠计划机制,而不能依靠市场机制来解决。难题之一是:农民不按低价销售农产品怎么办?这个难题是通过农产品的统购统销来解决的,其保障条件是宏观环境上的经济政策、政治动员和微观基础上的经济与行政强制——由政社合一的人民公社组织实施。难题之二是:既然城镇居民享受低价生活必需品的供给和较为健全的社会保障所带来的好处,那么农民大量涌入城市怎么办?这个难题则是通过户籍制度解决的。城镇居民享有城镇户口,生活在城镇。农民持有农村户口,只能居住在农村。1958年1月9日,全国人民代表大会常务委员会第91次会议通过的《中华人民共和国户口登记条例》第10条第2款规定:"公民由农村迁往城市,必须持有城市劳动部门的录用证明,学校的录取证明,或者城市户口登记机关的准予迁入的证明,向常住地户口登记机关申请办理迁出手续。"严格限制农村人口向城市流动的户口迁移制度与计划经济体制下的粮油供应制度、劳动就业制度、社会福利制度等具体制度结合在一起,逐渐形成一整套现行的户籍制度体系。户籍制度在实践中逐渐演变成一种"滤网"。这种"滤网"的功能有两个:一是农业利润通过"网眼"进入城镇,而农民则被挡在了"滤网"之外;二是农村人才通过入学、招工等形式进入城镇后,再也不愿回到农村,致使农村人才外流。至此,农村通过提供农业利润甚至人才支持工业发展的机制得以完善。

正是在这一体制下,逐渐形成了"城市办工业、农村搞农业"的二元经济结构和"市民住城镇、农民住农村"的二元社会结构。改革开放以来,"二元经济结构"已有所改变,但"二元社会结构"则基本上未做调整。"二元社会结构"的长期存在,使我国农村经济发展出现了一些特有的现象,主要表现在以下三点。

一是乡镇企业分布过于分散。由于城乡人口不能自由流动,加之农业生产资料主要被以自然村为基础的社区集体占有,各社区之间就自然形成了相对独立的利益群体。兴办工业等非农产业,主要依靠本社区的人、财、物等,因此,出现了"乡办企业在乡,村办企业在村,户办企业在家"的普遍现象。1992年全国乡镇企业2079万家,其中1900多万家分布在自然村。

二是小城镇建设缺乏规划。目前,沿海省份工商业比较发达的乡镇，大部分已经发展为小城镇，有的地方甚至小城镇首尾相连。但大多数地方的小城镇分布不合理，规模过小，形不成合理的城镇规模，且各自建设一套基础设施，投资大、利用率低、占地过多。

三是离农人口城乡两栖。农村一部分劳动力进城务工经商，基本脱离了农业，但是由于其不能搬迁，不能落户城镇，户口依旧在原籍。这就产生了一个"既非市民又非农民"的阶层：户口在原籍，就业、生活在城镇，承包着农村的土地，在城镇和农村都拥有生产资料和生活设施。他们一方面无心或无力再从事农业，另一方面又无法获得与城镇居民同等的身份待遇。

二 市场经济发展要素

制约人口城镇化的因素，还和商品经济的不发达有关。城镇是商品集散的中心，它的出现与形成，是和商品经济的发展分不开的。这不但是人类文明时期的现象，也是高度发达的市场经济的要求。从农耕经济时代的单纯商品集散地，到作为创造与传播现代物质文明和精神文明的基地，城镇始终受市场经济发育程度的制约。除了殖民者在过去两百多年所建立的畸形大都市之外，一般的城镇都是和它所在地域的商品经济发展程度密切相关的，尤其与相应地域内的农村经济商品化程度分不开。

改革开放后，我国社会主义市场经济体系逐步完善，不仅有多渠道的商品市场，而且有了要素市场。但由于我国幅员辽阔，市场经济的发育程度在地区和产业之间还不平衡，特别是某些边远地区，仍然存在粗放的自给程度较高的农耕经济，这不仅使这些地区落后于发达地区，而且制约那里的人口城镇化进程，从而使新的城镇形成也相对滞后。因为这些地区绝大多数的农村人口仍被滞留在自给程度较高、生产率较低的农业生产中，不可能有更多的人从事非农产业。同时，城镇是商品流通和要素融合的平台与焦点，一个地域所需要的城镇的数量与规模，都是和该地区市场经济发育程度相适应的。一是因为没有更多的人口可供集中于城镇的非农产业所吸纳，二是由于没有足够数量的企业和商品不可能人为地造就一个城镇，所以，市场经济的发育程度制约人口的城镇化和城镇的形成。因此，城镇化必须因地制宜，不能齐头并进，遍地开花。

三 文化要素

制约农村人口城镇化的因素，还有来自人们思想意识方面的传统观念。这种观念是从两千多年来以碎小地块为载体的农耕经济中衍生出来的。农村人口安于现状的保守观念，"以不变应万变"的处世态度，按自然经济田园季节所造就的生活与生产节奏观察事物的习惯，使他们对城市和现代产业的生产与生活秩序持有怀疑、畏惧与观望的情绪。如果不是迫于失去土地之后的生计，他们不会轻易离开世代生活的小天地。

脱离了土地的农民不可能立即转变为工人或城镇人口的情况，具有历史普遍性。农业人口的城镇化转变，不仅是生产方式和技能的转换，同时也是生活方式和生活习惯的转变。这些转换和转变，都是工业化和人口城镇化过程必然出现的现象。尽管原因、方式和结果都有其特殊的历史规定性，但农民和土地的分离是社会发展到一定阶段的必然结果，而离开了土地的农民不能很快适应他们社会身份的转变，也是不可避免的。就农民整体而言，其社会身份随着职业的改变而变化，这同时也是社会经济结构发生根本性转型的一场革命，因而需要从各个方面进行工作，以加速这场变革的进程。鼓励和动员是对农民的思想教育，就业培训是引导他们获得一技之长，通过这两方面的工作，失去土地的农民完成了从"游手好闲之人"到"上班一族"的转变，变化的是他们的社会角色，影响的往往是一家、一村或一镇。这种通过鼓励、引导和培训来促进农村人口城镇化的政府行为，构成了具有中国特色的农村人口城镇化的特征。

四 人力资源要素

就农村人口自身来看，主要是劳动者的素质障碍，即缺乏从事现代农业及非农产业所应当具有的文化水平和技能素质制约其城镇化。众所周知,现代工农业生产和第三产业中的某些行业,都要求从业者有相当的科技知识与能力。就技术层面来说,即使简单重复的操作工序,也需要有从事这项工作的知识与技能,以保证该工序的质与量符合与之衔接的相关工序的要求。若就现代社会生产过程所要求的人文素质来说,诸如协作精神、有序的次第观念、认真的敬业态度、自觉的服务意识等,这些都是当前我国绝大多数农民缺乏或比较缺乏的。因此,许多失去土地的农民难以快速顺利地成为现代产业的劳动者,从而延缓了其城镇化进程。这些从事传统农业生产的劳动者,不仅没有信息产业所需的科技知识与能力,而且也缺乏必要的文化知识。特别是中年农民,一般只有初中文化水平,相当一部分还是文盲。这就使他们在迅速发展的新的产业革命浪潮中,难以找到适合自己的劳动岗位。这种状况在一定程度上说明,在我国并不是劳动者的绝对数量超过了社会生产的需要,而是现代社会对劳动者的需求和劳动者的素质之间存在矛盾。

制约农村人口城镇化的因素不只以上几种,我们着眼于克服或解决各种制约因素的途径与方式也不可能是单一的。有人认为"三农"问题的核心是农民,农民问题的关键是增加农民收入,这无疑是正确的。但农民增加了收入,农业和农村问题并不会随之迎刃而解。在传统的城乡二元结构背景下,如果不改变传统的农业经营方式,大量的农业人口将依然滞留在农村的小块土地上,农民即使在有限的空间内增加了收入,顶多是改善了他们的生活状况,而无助于改变他们的社会身份,从而延缓农村人口城镇化的进程。所以,只有实现农业工业化、农民市民化和城镇化,才能最终解决"三农"问题,这也是消除城乡差别、工农差别,达到城乡一体化的必由之路。

第五节 农村人口城镇化的社会管理

社会管理主要是指政府和社会组织为促进社会系统协调运转,对社会系统的组成部分、社会生活的不同领域以及社会发展的各个环节进行组织、协调、监督和控制的过程。改革开放以来，我国的城市化先后经历了从积极发展小城镇、控制大城市规模到中国特色城镇化的发展阶段，城镇化建设取得了显著成就，2011年城市化率已达到51.27%。农村人口城镇化对社会管理提出了新的挑战，主要包括以下几个方面。

1. 户籍制度改革

农村人口城镇化面临的严峻挑战，首要的是城乡二元的户籍管理制度。1958年1月，《中华人民共和国户口登记条例》颁布，标志我国正式确立了户籍管理制度。目前该条例还在我国户籍管理中发挥非常大的作用。户籍制度阻止了农村人口向城市的自由流动，制造了市民与农民、非农业人口与农业人口两种不同的身份和待遇。自20世纪80年代以来，改革户籍制度的呼声很高，部分地区对户籍制度进行了一些改革探索。目前，我国经济社会发展已经进入城乡统筹发展的新阶段，传统的户籍制度已经成为人口城镇化发展的重要障碍。因此，目前的农村人口城镇化必须以户籍制度改革为切入口，剥离与户籍制度有关的就业、教育、医疗、养老保障等政策，以加快农村人口城镇化，推进城乡经济社会一体化的进程。

2. 基本公共服务均等化改革

基本公共服务是保护个人最基本的生存权、健康权和发展权所必需的，包括基本需求的教育、就业、医疗卫生和社会保障等方面。均等化并不等于所有居民都享有完全一样的基本公共服务，而是在承认人群、城乡、地区存在差别的前提下，保证居民都享有一定标准的基本公共服务，其实质是实现机会平等和程序平等，而不是简单的平均化。

3. 土地制度改革

我国农村土地制度自新中国成立以来进行了多次改革。目前的农村土地制度始于20世纪70年代末实行的家庭联产承包责任制。但由于我国法律对现行的农地集体所有制的界定在实际中很难操作，虽然城镇化进程对农村土地流转制度提出了新的要求，但农村土地经营权流转制度仍有待创新。

第六节　农村人口城镇化的基本趋势

一　城镇化滞后于工业化的程度逐渐得到缓解

发达国家的城市化和工业化基本是同步的，呈正相关关系，工业化是推动城市化发展的直接动力。有人推算，发达国家1820~1950年的工业化与城市化的相关系数为0.997，几乎完全一致。如美国在1840~1950年工业化快速发展时期，工业化推动城市快速发展，城市化与工业化呈同步发展的总特征。

新中国成立后，我国走出了一条"工业城市化，人口农村化"的道路，长期维持的城乡分治制度和政策使我国的人口城镇化进程严重滞后于工业化进程，城镇化与工业化发展不同步，工业化对城镇化的拉动力不足，反过来，城镇化对工业化的促进作用也较小。改革开放后，随着城乡统筹范围的扩大，户籍制度以及公共政策的逐步完善，人口城镇化获得了稳定的发展，城镇化发展速度逐渐趋近于工业化和非农化水平，城镇化滞后于工业化和非农化的程度总体呈现下降趋势。

二　政府作用仍然是推动城镇化快速发展的重要因素

从城镇化发展的动力看，我国的城镇化进程呈现明显的政府主导特征。我国城镇化在1949~1960年得到快速发展，源于国家重点发展工业尤其是重工业的战略。一批工矿城市产生，大量农村劳动力转向非农产业。经过1958~1960年的高速城镇化后，面对城市就业压力过大的局面，政府采取了逆城镇化政策，城市人口比重大幅下降。改革开放后，新兴城市的产生和城市经济的多元化发展吸引了大量的农村劳动力，使我国的城镇人口以及非农产业就业的农村人口比重不断上升。据不完全统计，2002年我国乡镇企业从业人员数量约为1.33亿。同时，每年约有8000万民工在地区间、城乡间流动。但市场作用仍无法改变传统的城乡分治的二元制度和政策惯性，每年在城乡间流动的农村人口无法得到市民的相关待遇和地位，无法成为真正的市民。因此，在推进城镇化过程中，政府的政策创新仍然是非常关键的因素。政府如何"解放"农民，如何赋予农民同等的国民地位，从而通过市场力量给农民更大的自由，将是今后城镇化进程中必不可少的促进因素。

三　城乡差距逐渐扩大

目前我国的城镇化进程不仅没有缩小反而扩大了城乡差距，从而导致城镇对农村人口产生巨大吸引力。我国城乡居民的收入差距，在20世纪80年代初期呈现明显的缩小趋势，但从1983年至今却呈不断扩大的趋势。城乡居民收入差距从1980年的2.3倍扩大到2013年的3.03倍，而同期我国的城镇化率从1980年的19.4%提高到2013年的53.7%。这与发达国家城市化进程中反映的城市化导致城乡差距缩小的特征不同。

城乡差距扩大的主要原因是各级政府对农民的就业、身份、地位的农村地域性限制。这种限制虽然没有对城镇化进程造成根本性的影响，却使城镇化带来的巨大经济和社会利益没有让农民公平分享。2004年以来，中央及各级地方政府加大了对"三农"问题的解决力度。随着城市经济发展水平的提高，农民非农产业就业及收入状况将得到改善。同时，随着科学发展观的落实，特别是"三农"政策的贯彻，城乡差距必然会缩小，虽然短期内难以彻底扭转。

四　庞大的人口压力将成为城镇化发展的最大障碍

我国人口总量在1953年进行第一次全国人口普查时是58260万，到2003年年底为129227万，50年增加了70967万，年均增长达到1419万。"九五"期间，我国劳动力资源总量由1995年的87242万增加到2000年的95651万，增加了8409万，年均增加1682万。2000年城镇劳动力供给总量为1665万，实际需求量只有1009万，供求缺口达到656万。一直以来，我国农村富余劳动力存量较大，据估计2000年达到1.7亿。由于农业技术进步缓慢，工业化水平偏低，我国目前并没有发生城市工业与农村农业争夺劳动力的情况，城市经济对农村劳动力及其家庭成员的吸纳能力相当有限。因此在未来若干年内,庞大的人口压力所带来的城镇就业问题是我国城镇化进程中的重要问题,如果城镇不能增强吸纳就业的能力,农村人口向城镇迁移的规模就会自然下降,城镇化发展速度必然受到影响。

第二章
水库移民城镇化安置的紧迫性分析

第一节 水库移民城镇化安置的社会背景

一 城镇化进程加速推进

我国的城镇化起步较晚，若视1840年的鸦片战争为开端，则晚于世界城镇化的开端近2个世纪。新中国成立以来，我国的城镇化进程经历了恢复发展、波动调整、徘徊停滞、持续发展和快速发展等多个阶段。

城镇化进程包括四个方面：第一，城镇化是农村人口和劳动力向城镇转移的过程；第二，城镇化是第二、三产业向城镇聚集发展的过程；第三，城镇化是地域性质和景观转化的过程；第四，城镇化是包括城市文明、城市意识在内的城市生活方式的扩散和传播过程。概括起来，表现在两个方面：一方面是人的地理位置的转移和职业的改变以及由此引起的生产方式与生活方式的转变；另一方面则是城镇人口和城市数量的增加、城镇规模的扩大以及城镇经济社会现代化和集约化程度的提高。

究其根源，城镇化的核心是人口就业结构、经济产业结构的转化过程和城乡空间社区结构的变迁过程。城镇化的本质特征主要表现在三个方面：一是农村人口在空间上向城镇迁移；二是非农产业向城镇聚集；三是农业劳动力向非农业劳动力转变。

通常，城镇化水平指标、城镇化速度指标和城镇化质量指标被用以衡量一个地区的城镇化程度。其中，城镇化水平的衡量指标是城镇化率，即市镇人口占总人口（包括农业与非农业人口）的比例。相应的计算公式为：

$$城镇化率 = 城镇人口 \div 总人口 \qquad (1)$$

我国自 1949 年以来的城镇化水平发展变化情况如图 2-1 所示。

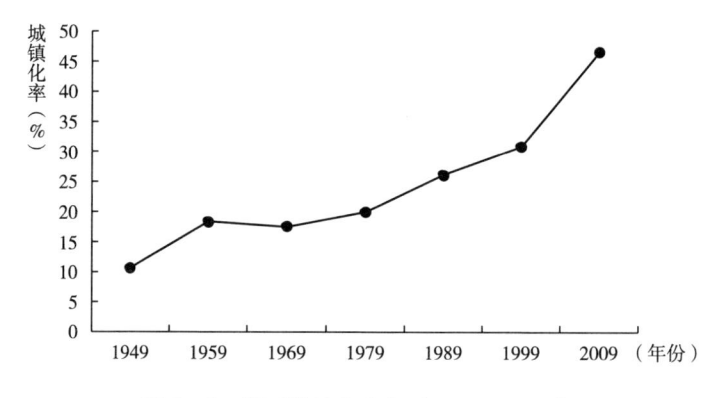

图 2-1　我国城镇化水平（1949~2009 年）
注：根据国家统计局各年公布的数据整理。

总的来说，我国城镇化在 1978 年实行改革开放之前，属缓慢发展阶段，从 1979 年至今为快速发展阶段。尤其是 21 世纪以来，我国城镇化进入加速推进的阶段。2002 年，党的十六大报告明确提出了"加快城镇化进程"的要求，提出："坚持大中小城市和小城镇协调发展，走中国特色的城镇化道路。发展小城镇要以现有的县城和有条件的建制镇为基础，科学规划，合理布局，同发展乡镇企业和农村服务业结合起来。" 2007 年，党的十七大报告进一步指出："走中国特色城镇化道路，按照统筹城乡、布局合理、节约土地、功能完善、以大带小的原则，促进大中小城市和小城镇协调发展。以增强综合承载能力为重点，以特大城市为依托，形成辐射作用大的城市群，培育新的经济增长极。"其间，我国城镇化发展迅速，2002～2011年，城镇化率以平均每年1.35个百分点的速度增长，城镇人口平均每年增长2096万人（见表2-1）。2011年4月公布的第六次全国人口普查数据显示，我国大陆31个省、自治区、直辖市和现役军人的人口中，居住在城镇①的人口为665575306人，占49.68%，即全国城镇化率为49.68%；居住在乡村的人口为674149546人，占50.32%。同2000年第五次全国人口普查相比，城镇人口增加207137093人，乡村人口减少133237289人，城镇人口比重上升13.46个百分点。我国"十二五"规划纲要提出，从2011年到2015年，城镇化率将增长4%，达到51.5%。可以预见，我国城镇化进程将进一步快速推进。

表2-1 2002～2011年全国城镇人口比重

年 份	城镇人口数（万人）	城镇人口比重（%）	比重比上年提高（%）
2002	50212	39.09	1.43
2003	52376	40.53	1.44
2004	54283	41.76	1.23
2005	56212	42.99	1.23
2006	58288	44.34	1.35
2007	60633	45.89	1.55
2008	62403	46.99	1.10
2009	64512	48.34	1.35
2010	66978	49.95	1.61
2011	69079	51.27	1.32

第六次全国人口普查数据显示，云南省人口总量为4596.6万，居全国第12位、西部第3位，占全国人口总量的3.43%。云南省城镇化率为35.20%，比2000年第五次全国人口普查的数据上升了11.84个百分点，平均每年提高略低于1.2个百分点（全国平均每年提高1.3个百分点），低于全国城镇化率49.68%的平均水平

---

① 城乡人口是指居住在我国境内城镇、乡村地域上的人口，城镇、乡村是按2008年国家统计局《统计上划分城乡的规定》划分的。

14.48个百分点，相当于全国10年前的平均水平。此外，云南省土地面积居全国第8位，经济总量居全国第24位，人均GDP居全国第29位。综合来看，这些数据反映了云南省人口素质偏低、经济发展相对滞后、可持续发展能力较弱等现状。云南省"十二五"规划纲要提出，从2011年到2015年，力争城镇化率年均提高2个百分点，达到45%左右；到2020年，云南省城镇户籍人口占全省总人口的比重上升到36%左右，城镇化率达50%左右。

楚雄彝族自治州地处云南省中部。第六次全国人口普查数据显示，楚雄州居住在城镇的人口为859473人，占楚雄州总人口的32%；居住在乡村的人口为1824701人，占楚雄州总人口的68%。与2000年第五次全国人口普查相比，楚雄州城镇人口增加了342866人，乡村人口减少了201157人，城镇人口占楚雄州总人口的比重上升了11.7个百分点。2011年楚雄州城镇化率为32%，比本州1978年9.16%的城镇化率增长了22.84个百分点，但低于同期全省城镇化率的平均水平3.20个百分点，低于全国城镇化率的平均水平17.68个百分点。总体上，楚雄州城镇人口数量不断增长，城镇化进程稳步推进，然而，认识欠缺、制度约束、城镇规划滞后、当地产业支撑力不强等因素的制约亦不容忽视。目前，楚雄州城镇化发展规划的具体目标为：到2015年，全州总户籍人口不超过271.5万人，城镇人口达到110万人左右，其中非农人口达到60万人左右，城镇化率达到40%以上；到2020年，全州总人口不超过280万人，城镇人口达到140万人左右，其中非农人口达到80万人左右，城镇化率达到50%以上。

值得一提的是，当前影响城镇化发展的因素主要有：一是城镇工业发展未能充分地促进农村人口向城镇集中，工业吸纳农村人口的能力有限，城镇就业岗位较少；二是城镇规模普遍偏小，城镇经济集聚能力和集聚效应偏弱，无法使农村人口相对固定且长期地在城镇地区从事非农产业；三是城镇化体系比较单一，基本上是按"省会城市—地级城市—县级城市—建制镇"的行政建制层次分布。之所以较为缺乏富有内涵、高质量的城镇，是因为经济发展水平相对落后，非农产业发展程度低，产业结构不合理，农村人口比重较高，除农业以外的其他产业所占比例较小。

二 城乡二元经济结构变迁

城乡二元经济结构一般是指以社会化生产为主要特点的城市经济和以小生产为主要特点的农村经济并存的经济结构。我国城乡二元经济结构主要表现在：城市经济以现代化的大工业生产为主，而农村经济以典型的小农经济为主；城市的道路、通信、卫生和教育等基础设施发达，而农村的基础设施落后；城市的人均消费水平远远高于农村；相对于城市，农村人口众多；等等。这种状态既是发展中国家的经济结构存在的突出矛盾，也是其相对贫困和落后的重要原因。可以说，发展中国家的现代化进程，在很大程度上是要实现城乡二元经济结构向现代经济结构的转变。

改革开放以来，随着城镇化进程的不断推进，我国城乡二元经济结构相应地发生了变化。二元对比系数可以反映城乡经济一体化程度，主要反映农业和非农业两部门劳动生产率的差异，也反映城乡二元结构的总体水平。二元对比系数越小，两部门的差别越大，二元经济结构越明显。其中：

农业比较劳动生产率 = 农业 GDP 比重 ÷ 农业就业人数比重　　(2)
非农比较劳动生产率 = 非农 GDP 比重 ÷ 非农就业人数比重　　(3)
城乡二元对比系数 = 农业比较劳动生产率 ÷ 非农比较劳动生产率　　(4)

我国改革开放以来城乡二元对比系数变化情况如图 2-2 所示。

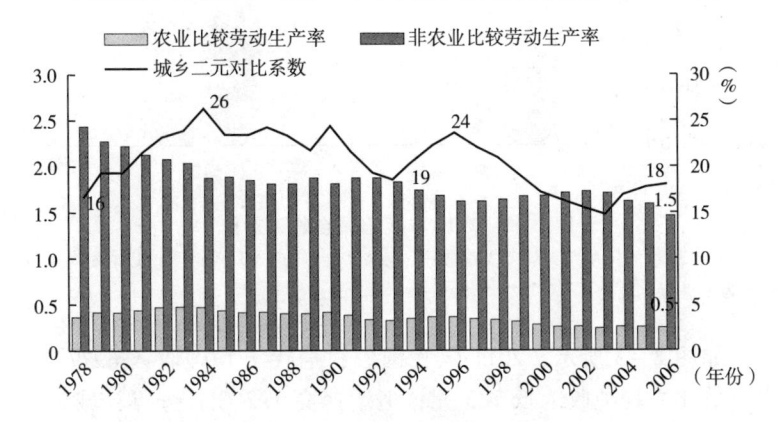

图 2-2　1978~2006 年我国城乡二元对比系数变化情况
注：根据中国统计年鉴数据整理。

总体说来,我国依然面临城乡二元经济结构的困扰。如何破解这一难题,是城镇化进程中的重中之重。农业、农村和农民问题,是我国经济发展和现代化建设的根本问题。解决和突破城乡二元矛盾的根本出路是在发展农村经济的基础上走农村城镇化道路,实现城乡良性互动,逐步减少农村人口,转移农村剩余劳动力,增加城镇人口,转变生产增长方式,提高劳动生产率,优化第一产业结构,促进第二、三产业的发展,从而提高农村整体的经济效益和社会效益。所以,城镇化是解决我国二元经济结构矛盾的根本出路。

在具体的实现路径上,在微观层面,要通过农民市民化、农业工业化、农村城市(镇)化这"三化"来完成城乡生产方式一体化、生活方式一体化、市场体系一体化,"三化"中农民市民化是根本;在宏观层面,要通过国家逐步改变对城乡的二元宏观政策,实现城乡平等的一体化宏观管理。只有这样,才能使市场经济体制的"组成要件"走向城乡一体化,一个统一的社会主义市场经济体制才能最终建立和完善。

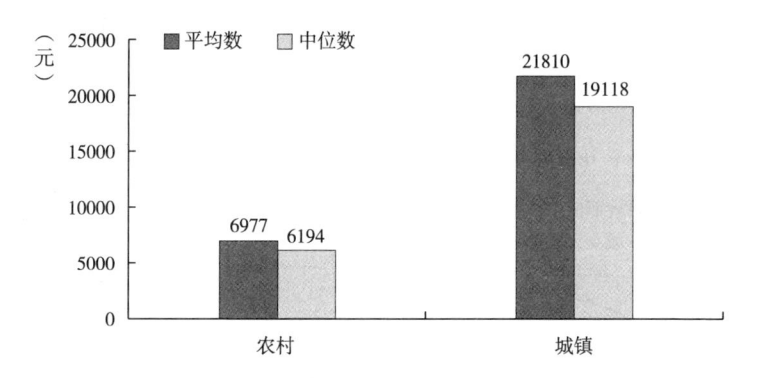

图 2-3 2011 年我国城乡收入对比

注:城镇居民使用人均可支配收入,农村居民使用人均纯收入。以农村人均纯收入为1进行比较。

如图 2-3 所示,2011 年我国农村居民人均纯收入 6977 元,中位数比人均纯收入低 783 元,但增速高 1.2 个百分点;城镇居民人均总收入 23979 元,其中,人均可支配收入 21810 元,中位数比人均可支配收入低 2692 元,增速低 0.6 个百分点。2011 年城镇居民人均可支配收入与农村居民人均纯收入之比为 3.13∶1,2010 年该收入比为 3.23∶1。然而,国际上通常以 2.5∶1 作为城乡居民收入差距的警戒线。

作为大陆城乡居民收入差距最大的省份,云南省城乡居民收入差距长期稳定在 4.2∶1 以上。2011 年,云南省城镇居民人均收入 20255 元,城镇居民人均可支配收入 18576 元,全省农民人均纯收入 4722 元,城乡收入差距显著缩小,农民收入增幅再次超过城镇居民,但城乡居民收入比为 3.93∶1,差距依然较大。

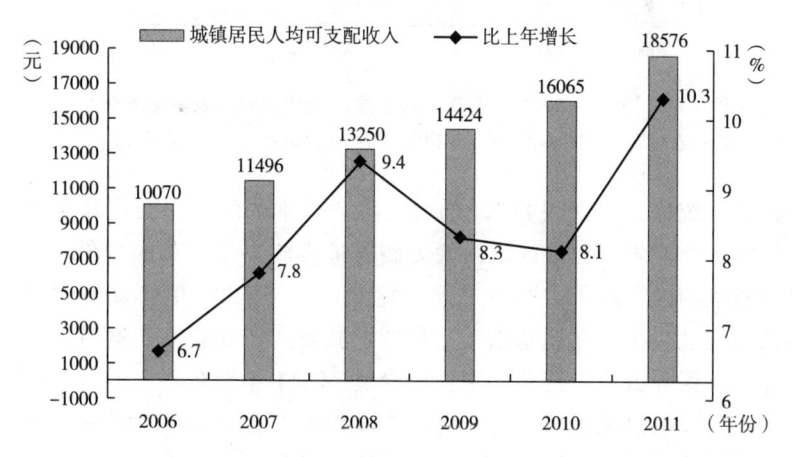

图 2-4　2006~2011 年云南省城镇居民人均可支配收入及其增长速度
注:城镇居民人均可支配收入来源于国家统计局云南调查总队调查数据。

与此同时,2011 年楚雄州城镇居民人均可支配收入 19417 元,农民人均纯收入 5145 元,城乡居民收入比为 3.77∶1。可见,楚雄州仍需进一步加强城乡统筹,缩小城乡收入差距。然而,当前经济运行中所谓的以生产过剩、消费不足为特征的总量矛盾,不过是城乡二元经济结构矛盾的外在表象。为了进一步加强城乡统筹,针对当前的城乡二元结构制约,云南省政府从户籍入手,于 2008 年 1 月 1 日颁布并实施了《云南省人民政府关于深化户籍管理制度改革的意见》,其取消"非农业人口""农业人口"的"二元制"户籍登记管理模式,实行"一元制"户籍登记管理

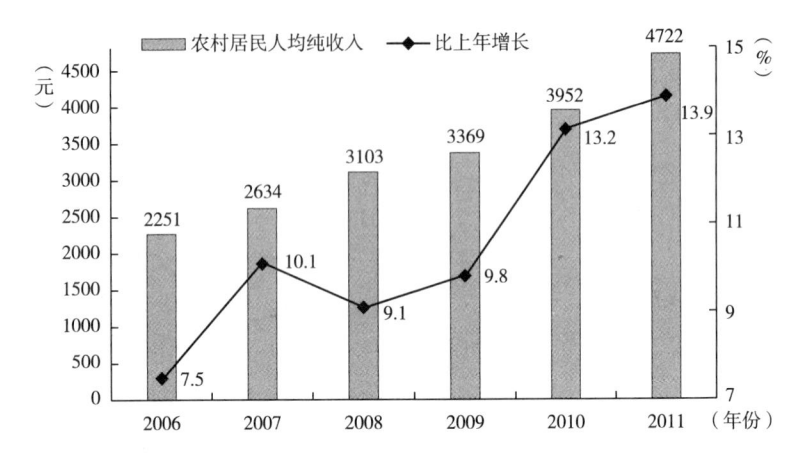

图 2-5 2006~2011年云南省农村居民人均纯收入及其增长速度

注：农村居民人均纯收入来源于国家统计局云南调查总队调查数据。

模式，统称为"居民户"。随着全省户口本的统一，云南作为中国第一个在省级行政区域内大刀阔斧地实施户籍改革的省份，在全省范围内终结了"城乡二元户籍制度"，迈出了缩小城乡差距的历史性一步，在此基础上，打破了城乡居民在就业、教育、医疗、社保等方面的待遇区别。相继地，2011年颁布并实施了《云南省人民政府关于加大城乡统筹力度促进农业转移人口转变为城镇居民的意见》和《云南省人民政府办公厅关于加大城乡统筹力度促进农业转移人口转变为城镇居民实施办法（试行）》，引导省内农村人口梯度转移，进一步推动城镇化进程，促进社会可持续发展。

第二节　大农业安置方式面临的困境

大农业安置模式是指坚持以土为本、以农为主，实行集中安置与分散安置相结合的水库移民安置模式，适合社会经济发展水平不高、商品经济欠发达、人口密度不大、以农业生产为主的中西部及中国北方地区。这种安置模式主要是通过调剂土地、开发荒地滩涂等手段，为水库移民提供一块能够满足其生存与发展的耕地。然而，随着工业化、城镇化的推进和不断深入，水库移民大农业安置模式的实施遭遇了困境。

一 人地矛盾日益突出

过去我国安置水库移民最主要的方式是大农业安置，但其前提是要有足够数量、一定质量的生产资料——土地。我国土地面积大，但人均拥有量小——仅1.5亩，相当于世界人均水平的43%，有666个县的人均耕地面积低于联合国粮农组织确定的0.8亩的警戒线，人地关系紧张；而在经济发展和人口增长过程中对资源的不当开采，尤其是粗放式的使用，造成了资源浪费，从而导致严重的资源紧缺。然而，农业积淀了大量剩余劳动力，安置区本身就存在大量需要转移出去的剩余劳动力，无法吸纳更多的库区农村移民。移民的到来，对安置区固有的稳定经济关系形成冲击，造成移民和原有居民对土地资源、森林资源、草地资源、水资源等自然资源的争夺，使之在短时间内成为冲突的焦点，影响新移民"稳得住，富得起"。水库淹没土地后，库区耕地更少，在当地剩余耕地上安置移民，使库区人地关系更为紧张。移民为了维持生存，加大对土地开发的力度，造成对地力的过速利用，破坏地力，恶化生态环境。

此外，水库移民迁出地与迁入地在农地质量、土地承包政策、调地政策等方面存在的差异，极可能导致移民搬迁后生计水平无法恢复，进一步地，可能导致移民贫困、移民返迁、移民消极心理等一系列问题。张勇指出，移民对搬迁安置的最主要不满集中在土地方面，尤其是在土地质量、灌溉和劳动强度方面，在其调查的390名移民中，有31%，即121人，不同程度地具有回迁意愿。类似的研究同样表明，不合适的农业安置可能较大程度地影响移民个人发展，甚至可能带来社会稳定风险，这在一定程度上制约了水库移民大农业安置的进一步推广和应用。

云南省土地面积39.4万平方公里，占全国国土总面积的4.1%，居全国第8位。坝子是我国云贵高原上的局部平原的地方名称，主要分布于山间盆地、河谷沿岸和山麓地带。坝上地势平坦，气候温和，土壤肥沃，灌溉便利，是云贵高原上农业兴盛、人口稠密的经济中心。云南省有 1500 多个坝子，坝上耕地占全省耕地面积的 1/3 以上。坝区旱地土壤约占全省的 17%，主要为红土。山区旱地土壤约占全省的 64%，主要为红土和黄土。旱地土壤分布比较分散，施肥水平不高，加之水土流失，土壤有机质含量普遍较水田低。在百色水利枢纽工程移民安置中，为减少库区压力，尊重移民意愿，剥隘镇板达等 17 个村小组选择了进入富宁县城的安置方式。

楚雄州面积为 28438 平方公里，其中耕地 365481 公顷，占州面积的 13%。全州 1 平方公里以上的坝子 133 个（占全省坝子总数 1557 个的 8.54%），总面积 1354 平方公里，占全州面积的 4.76%，其中耕地 68559 公顷，占全州耕地总面积的 18.76%。然而，基本农田的保护与工业化发展的用地需求都需要大量土地。随着云南省提出"原则上将坝区 80% 以上的现有优质耕地和山区连片面积较大的优质耕地划为永久基本农田，实行特殊保护"，楚雄州需要将较多的新增建设用地调到山区，这导致当地土地利用矛盾较为突出，调整压力巨大。同时，水利水电工程建设会淹没大片土地，这将进一步激化人地矛盾，从而引发青山嘴水库移民主管部门及移民群体反思原定的大农业安置方案，推动城镇化安置的创新，以减轻涉及各县调剂、划拨、开垦土地的难度，降低对安置区当地居民的影响，以利于征地区环境保护，减少水土流失。

二 农村基础设施供需不平衡

农村基础设施是为发展农村生产和保障农民生活而提供的公共服务设施的总称，包括交通邮电、农田水利、供水供电、商业服务、园林绿化、教育文化和卫生事业等生产和生活服务设施。它们是农村中各项事业发展的基础，也是农村经济系统的重要组成部分，应该与农村经济的发展相互协调。目前，在我国的部分地区，农村基础设施供需矛盾依然尖锐：基本生活设施不能满足农民进一步的需求；生产型设施建设尚显薄弱，农民诉求强烈；农村环境及文化娱乐设施供需矛盾尖锐。

云南省人口较少的民族主要分布在偏远的山丘区，山高、坡陡、谷深、沟壑纵横，少数民族在坝区聚居的比例很低，一般一个建制村下辖十个至十几个居住点，居住点大多在半山或山顶，距离几公里到几十公里不等，有的分布在距峡谷河流 2000 米的地方。山丘区人口的农业灌溉以小微型设施为主。原因在于：一是国家大中灌区、农田水利重点县建设、农业综合开发、灌区建设等项目不仅难以全部覆盖，而且拟启动的西南五省"五小"水利工程规划也难以覆盖到。德宏州陇川县麻栗坝水库是大（二）型水利枢纽工程，库容 1.066 亿立方米，配套渠系全部建成后，灌溉面积可达到 22.6 万亩，现水库灌溉面积为 6 万亩，只能灌溉当地景颇族农田面积的 40%；芒市江东乡阿昌族高埂田村，依山傍水，虽水源丰富，但由于没有引水渠道和提水设施，四季不断的水源只能白白流走，无法灌溉农田。二是山丘区农业灌溉基础设施落后，土渠灌溉面积小，输水能力低，年久老化失修，渗漏严重，长期难以列入规划。有些农田则无水利沟渠，当地农民靠天吃饭现象普遍存在，许多稻田、耕地成为名副其实的"雷响田"和"大字报田"，粮食产量极低，严重制约农业生产和农民增收。三是受历史原因和自然条件影响，人口较少的民族地区农业产业化程度低，且结构较单一，节水型农业推进缓慢。近年来受扩大增收和调整种植结构因素的影响，橡胶林种植面积的增加又造成山区水源大幅减少，有些山区原有水源已枯竭。

移民搬迁至迁入地后，势必分享当地基础设施与公共设施资源。一方面，直接地，导致移民安置成本增加，为了维持迁入地居民生产生活水平和促进经济社会和谐有序可持续发展，移民主管部门需要协同当地相关部门、机构，加强移民安置的配套设施建设工作，需要充足的移民经费作为保障；另一方面，间接地，大量的新增人口增加了迁入地基础设施的负荷，这种负荷可能远远超过其承载能力，造成供需缺口，从而导致移民与迁入地居民之间发生公共资源争夺，这将成为社会稳定风险的新诱因。

三 农业产出效益不高

农业是国民经济的基础，是国民经济中最基本的物质生产部门，基础性很强、附加性功能很多，其他产业都离不开农业——

直接或间接地与农业联系在一起。农业生产是种植业生产、林果业生产和养殖业生产的总称。养殖业又可以分为畜禽养殖业和渔业养殖业两类。然而，云南省山地、高原、丘陵占总面积的94%，相对而言，农业机械化水平低，农民的现代农业技能匮乏，农业发展以传统粗放型的大农业为主，生产较为落后。近年来，由于农业生产效益较低，农村劳动力大量外出务工。2011年，云南省生产总值为8750.95亿元，其中，第一产业增加值1407.81亿元，增长6.0%；第二产业增加值3990.97亿元，增长18.0%；第三产业增加值3352.17亿元，增长11.8%。第一、二、三产业增加值占生产总值的比重分别为16.1%、45.6%、38.3%。楚雄州2011年生产总值为482.50亿元，其中，第一产业增加值108.32亿元，增长8.1%，；第二产业增加值208.43亿元，增长15.6%；第三产业增加值165.75亿元，增长11.2%。第一、二、三产业增加值占生产总值的比重分别为22.4%、43.2%、34.4%。可以看出，农业，即第一产业，其产值均占当地总产值的20%左右，份额较小。总体说来，农业发展存在如下直接或间接因素的制约。

一是传统思想观念束缚。农民把承包耕地作为命根子，认为只要有了承包耕地，生活就有了保障，宁可粗放经营，甚至撂荒弃耕，也不愿将承包耕地流转出去。特别是国家取消农业税、实行种粮补贴后，一些已转出承包耕地的农民又将其收回，或粗放经营，或撂荒。部分农民对承包耕地流转政策不了解，有的认为承包耕地流转就是对承包地重新调整，有的怕转出后政策变化而失去承包权。

二是承包耕地经营比较效益低。由于农用物资及生产资料价格连续上涨，农民生产成本逐年增加，农产品市场价格不稳定，这使农民通过承包耕地增收的空间十分狭小，加之农业生产条件差，基础设施落后，生产风险大，农民不愿多种地，甚至撂荒承包耕地。

三是承包耕地流转机制不健全。市场化运作的承包耕地流转机制尚未建立，这方面存在的问题有：承包耕地流转中介组织、服务机构不健全，流转信息不畅，承包耕地评估缺乏依据，农民咨询途径少，承包耕地流转对象与选择范围余地小，流转形式比较单一，等等。

四是农村社会保障不完善。由于农村的养老、医疗、社会救助等社会保障体系不健全，农民生存主要依靠承包耕地，以承包耕地的收入解决看病、上学、养老等问题，对于流转承包耕地有较大的后顾之忧。特别是年龄较大的部分农民，尽管已经没有精力和能力经营好承包耕地，但他们宁肯粗放经营，也不愿将其流转出去。

四　农村劳动力非农化就业现象突出

我国是一个农业大国，13亿人口中有8亿是农民，"三农"问题一直是全社会关注的焦点。从国际经验看，农村劳动力的非农化是农村现代化的发展标志之一。然而，阻碍农民非农化就业转变的一系列社会制度，如城乡分割的户籍制度、僵化的农村家庭联产承包责任制等，导致非农化就业不稳定，延缓了传统经济社会结构向现代经济社会结构转变。

随着我国社会主义市场经济的不断发展，农村劳动力非农化就业现象已非常普遍。但无论是"离土不离乡"还是"离土又离乡"，流动主要表现在空间形式上，以职业为基础的农民分化并没有彻底完成。农村劳动力候鸟式的流动正是逐步实现中国城市化的独特方式。究其缘由，主要可以总结为以下三点。

一是1978年以来，我国乡镇企业异军突起。在改革开放的大背景下，由农民创造并脱胎于农业和农村的"离土不离地"的就地非农化就业——通过减少农业劳动力以促进农业的规模经营，通过资金的支持以改善农业生产条件，通过加工营销以带动农业产业化经营，取得了明显的经济效益和社会效益。目前，在乡镇企业基础上壮大起来的农村非农产业快速发展，具备了相当的规模和经济总量，成为繁荣农村经济、增加农民收入的重要力量，在促进农村就业中具有突出的战略地位，是解决农村剩余劳动力就业的重要途径。

二是改革开放以来，我国工业稳步发展，吸收了大量农村剩余劳动力。全国各地涌现的开发区、高新技术园区等建设高潮，吸纳了大量的农业人口从事非农劳动,以珠三角、长三角为例,改革开放30多年来,其分别吸收了全国各地的农业劳动力2500余万人和1600余万人。

三是第二、三产业尤其是城市第二、三产业的发展对农村人口的吸纳作用十分突出。特别是第三产业集劳动密集型、知识技术密集型于一体,具有广阔的就业领域和强大的劳动力吸纳能力。其强调技能、技巧的多样化,而对标准化程度的要求相对较低,可以吸纳不同知识层次的劳动力。第三产业是劳动力市场上对就业者要求较宽、可解决更多劳动力就业的产业。

然而,水库移民的安置方式仍为大农业安置,移民在搬迁后是从事农业生产还是外出务工,选择非农化就业渠道?在城镇化进程加速的大背景下,在充分尊重移民意愿的基础上,对传统的大农业安置进行调整和创新,可能为提升民生水平、集约资源、优化发展走出新的路径。

第三节 水库移民城镇化安置的必要性

城镇化的内涵主要包括:(1)农业的剩余,包括农副产品的剩余和劳动力的剩余,是一个国家加速城镇化最基本的推动力;(2)在此基础上的第二、三产业的产生与发展是城镇化最基本的拉力;(3)市场化是一个国家或地区加速城镇化的核心所在——城乡分工、劳动力的流动方向、城镇规模、城镇基础设施建设以及城镇体系的形成和分工等,主要由市场来完成;(4)人口的城镇化只是表象,如果没有发达的城镇产业做支撑,城镇会陷入一片混乱的状态;(5)城镇化是一个动态的概念,随着经济的发展、社会的进步,其内涵也在不断地发生变化,比如,城镇之间产业的转移、城乡之间联系方式的变化、大都市圈的演变、城市带的形成和扩展、卫星城镇的形成等,无不与社会、经济和时间具有紧密的联系;(6)聚集和扩散是城镇化的本质功能,不应该将两者分割开——那种仅仅强调聚集功能的理论是片面的,聚集和扩散的载体是"服务"与"市场力";(7)实现城乡一体化和城乡文明的相互渗透,是城镇化的最高目标;(8)学会经营城市，在经济全球化的条件下，有利于提高一个国家或地区的国际形象或经济竞争力，当然，经营城市的根本是要找到自己的特色，确立自己在国内乃至世界产业体系中的特殊地位。

在我国大力发展城镇化的今天，移民的城镇化安置首先促进了人口的城镇化，随着移民社会整合的推进，城乡文明得以相互渗透。同时，安置补偿及基础设施建设等一系列政策措施的落实，可以进一步推动区域第二、三产业发展，优化其产业结构，促进经济发展，从而提升城镇竞争力，使得移民城镇化安置对地区城镇化发展起到拉动作用。

一　水库移民城镇化安置是妥善安置移民的需要

根据2007年国家发改委发布的《可再生能源中长期发展规划》，水能资源是我国重要的可再生能源资源，主要分布在西部地区，其中约70%在西南地区。水电作为我国可再生能源的重点发展领域，《规划》明确指出，考虑到资源分布特点、开发利用条件、经济发展水平和电力市场需求等因素，今后水电建设的重点是长江、金沙江、雅砻江、大渡河、澜沧江、黄河上游和怒江等重点流域，同时，加快开发小水电资源。然而，水电的开发离不开水坝水库的兴建，水坝的兴建离不开水库移民。移民问题已经成为现阶段我国水电发展的两大制约因素之一，我国水利水电工程建设必将掀起一轮新的水库移民高潮。因此，创新水库移民安置模式，对于解决水库移民安置问题，缓解水库移民的压力，推动水利水电建设事业迈上新的台阶，有着极其重要的意义。

为了应对发展需要，云南省政府提出，今后五年，每年将引导七八十万农民进城落户。其中，楚雄州青山嘴水库在移民安置工作中创新性地采取了移民城镇化安置模式。但是，农村转移人口转变为城镇居民，不是简单地变更户口登记，如今客观存在的较大的城乡差异，在很大程度上加重了农民的思想负担。针对农民进城存在的顾虑，云南省政府将出台政策，一方面，让农村转移人口享有"三项保留、五项纳入"，给予进城农民"过渡期"——允许农村居民转户后，继续保留土地承包经营权、宅基地使用权、林地使用权，并保留原户籍地的计划生育权、农村种粮直补和与土地相结合的各种补贴；另一方面，加快经济发展步伐，提高就业服务水平，加强培训和创业支持力度，改善居住条件，统一城乡义务教育公用经费标准，逐步提高公办学校和优质学校招收农民工子女的比例，使转户进城的移民能够进入城镇就业、养老、住房、教育、医疗等保障体系。这些举措将能更稳妥地安置移民。

二 水库移民城镇化安置是有序推进区域经济发展的需要

兴建水库产生的土地淹没和城镇化进程中的土地征用不同。城市的扩张往往是从城市邻近地带开始，因此其社会经济条件属于城郊类型；铁路、高速公路的建设占地，呈线状分布，占地较少，住房的损失也比较少。而兴建水库的淹没和其他类型（如交通建设等）的占地相比较，其最大特点是被淹没的陆地呈片状分布，这造成水库移民搬迁中后靠难度比较大。地势较低的、较肥沃的土地被淹之后，如果采取后靠安置，则需要在海拔较高的山地上开垦荒地，并且在交通设施建设、人畜饮水等方面投资较多，成本较高。同时，开垦荒地会给当地造成比较大的环境压力。

有效利用土地是移民安置中较为关键的一环，而对土地的整理则是合理利用土地的必要条件。无论集中安置或分散安置，还是单退安置或双退安置，都能为土地整理带来实施契机，包括单退垸宅基地的复垦和零散土地的归并。通过土地承包和采取谁整理谁受益等多种方式，推动土地合理整理进程，对于人地矛盾日益突出的移民区是十分有意义的。它是实现耕地总量动态平衡目标的需要，也是缓解城镇建设用地紧缺的需要，有利于移民的生产生活以及移民地的社会安定。而在一些移民安置案例中，当地政府采取了移民插镇安置或者建设小区靠近城镇的办法。不论具体采取何种方式，这些安置带来的直接效果是扩大了城镇人口数量和用地规模，人流、物流与资金流向城镇辐辏，为当地经济发展和城镇建设带来了发展机会，对当地第三产业的发展具有重要作用。由于人口聚集，城镇加快基础设施建设，为有序推进区域城镇化打下了坚实基础。

三 水库移民城镇化安置是保持区域社会稳定的需要

移民系统是由自然、经济、社会、政治、文化等方面组成的综合性系统。任何系统的存在必然具有一定的稳定性，系统在自身及其各组成部分和外力的作用下处于动态平衡之中。系统一方面努力维持各组成部分的稳定运行，另一方面又通过渐进式或急剧式变革打破旧的平衡、建立新的平衡，在系统变化的连续谱上就表现为稳定与冲突的交替进行。我们将移民群体之外的自然环境、经济环境、社会环境、政治环境和其他社会团体等都归于环境这一范畴，环境构成移民系统的重要组成部分。移民社会经济系统的运行是移民群体与环境相互适应的过程，而这种适应仅为暂时状态，当移民群体与周围环境处于不协调状态时就会产生社会稳定问题。

社会稳定是社会在保持其质的前提下的一种相对平衡的运行状态，以良性互动、协调发展为实现路径，而社会稳定风险则是这种平衡状态受到威胁或破坏的可能性。水库移民城镇化安置是非农安置，首先，可以解决有土安置受土地资源约束的问题，有利于库区与安置区产业结构优化和移民增收，对于移民及安置区居民安稳致富和社会稳定具有积极意义；其次，可以缓解移民的生存压力，以楚雄州青山嘴水库移民安置为例，当地政府对选择城市楼房安置模式的移民实行 20 年生活补助，解决了移民想进城但又担心进城后无生活保障的问题，实践结果表明多数移民是理解和支持此模式的，此模式既促进了移民搬迁安置，又有利于维护社会稳定；最后，有利于寻找城乡功能交集空间进行移民安置，采取培训劳动技能、重构适应城镇化需要的社会资本、利用土地置换鼓励水库移民以原有住房换取城市较好住房等多种方式，既可以解决移民不愿意外迁、安置地群众不愿意接受移民的矛盾，又可以为水库移民长期稳定地在城市就业、生活提供支持。

第三章
国内水库移民城镇化安置探索

从实践来看,水库移民安置没有现成的模式可以照搬,各个水库的移民安置规划目标、资源规模与质量、人口数量与素质、经济发展水平、风俗习惯、移民心理以及地形地貌等都以不同的方式影响移民安置模式的选择,市场经济运行状况、物价变动、产业调整、行业优胜劣汰都会对移民安置及其效果产生影响。通过对珊溪水库、飞来峡水库、棉花滩水库、百色水库、小浪底水库和丹江口水库的移民安置进行总结,我们可以从中发现移民城镇化安置的基本脉络。

第一节 珊溪水库移民城镇化安置模式分析

一 珊溪水利枢纽工程建设概况与移民安置概况

珊溪水利枢纽工程位于浙江省温州市境内飞云江干流中游河段,由珊溪水库和赵山渡引水工程两部分组成。珊溪水库坝址位于文成县珊溪镇上游约1公里处的渔秀村附近,距温州市117公里,距文成县城28公里。珊溪水库坝高130.8米,正常蓄水位142米,总库容18亿立方米,电站装机容量20万千瓦,年平均发电量3.55亿千瓦时。赵山渡引水工程距上游珊溪水库坝址35公里,引水渠系和干渠全部设在飞云江两岸的瑞安市境内。赵山渡水库正常蓄水位22米,总库容3414万立方米,电站装机容量2万千瓦,年发电量0.514亿千瓦时。

珊溪水利枢纽工程水库淹没区涉及文成、泰顺、瑞安3县（市）。其中，珊溪水库淹没影响涉及文成、泰顺2县14个乡镇80个行政村，赵山渡引水工程水库淹没影响涉及瑞安、文成2县（市）5个乡镇20个行政村。淹没耕地11692亩、林地21285亩、园地1890亩、房屋99.6万平方米，移民36888人。

农村水库移民的传统做法是搬到就近高处，即后靠安置，如果沿用这种传统的安置方式，势必造成本来就贫困的移民更难脱贫。珊溪水库涉淹的文成、泰顺两县曾是国家级贫困县，地处丘陵山区，交通不便，信息闭塞，耕地少（文成县人均耕地面积0.41亩，泰顺县0.45亩），且大多是山坡梯田，土层薄、肥力低、日照短、灌溉条件差、农业产量低，农民人均纯收入只有温州全市平均数的1/4。珊溪水库建成后，库周剩余的耕地不多，如果移民后靠安置，口粮难以保证；林地面积虽然较大，但发展林业投入大、周期长、产出少，社会效益比较低，移民短时内难以脱贫。温州市近几年扶贫工作的实践证明："下山脱贫"是解决贫困人口生活的一条有效途径。珊溪水库移民迁到温州东部滨海平原地区安置，实际上就是下了山。移民下山以后被安置在经济比较发达的集镇或建制镇附近，这里土地平整，土壤肥沃，灌溉设施完善，农田大多高产稳产，移民可以拥有与当地原住村民同等面积的耕地，口粮自给有余，基本生活得到切实保障。移民安置区第二、三产业发展迅速，务工机会很多，移民既可务农，也可务工，能增加经济收入。

珊溪水库移民安置模式采取了"两个为主，三个结合"的方针。

"两个为主"是：（1）以外迁安置为主、就地安置为辅。88%的移民被外迁安置到温州东部沿海地区，分布在8个县（市、区）76个建制镇或集镇范围内，12%的移民被安置在本县复建的建制镇或集镇以及库周有剩余资源可利用的地方。外迁安置的优势在于，从山区到平原，从经济落后的农村到经济发达的城镇，为移民脱贫致富创造了良好的社会经济条件。（2）以土地（农业）安置为主，依托集镇，积极开拓第二、三产业，实行多渠道分流。移民在政府支持和政策扶持下，通过自力更生、艰苦创业，可以加快脱贫致富的步伐。

"三个结合"是：把本地安置与异地安置、集中安置与分散安置、政府安置（定向安置）与自找门路安置（自谋出路安置、自谋职业安置）有机结合起来。这种多种方式安置水库移民的方针，既符合移民的意愿和利益，也符合温州的实际，是对移民实行扶贫的重大举措，极大地调动了移民的积极性。

按照珊溪水利枢纽工程移民规划，移民安置分为农业安置、非农业安置、自谋职业安置和自谋出路安置四种形式。

珊溪水库移民可得到与安置区原住村民相等的一份土地，包括耕地、林地和可养殖的水面。温州东部滨海地区的人均耕地面积一般为 0.3~0.7 亩，涉淹县库区人均耕地面积为 0.5 亩左右。除了分配到与当地村民同等数量、质量的一份耕地以外，还分配到林地 5 亩以上，以保证移民拥有足够的资源，使他们通过政府的扶持和自身的努力能够尽快脱贫致富。

珊溪水库对安置区移民的宅基地分配遵循了"统一规划，因地制宜，限额分配，保护利益，经济调节，促进安居"的原则。根据这一原则，每户移民宅基地分配面积为库区淹没住宅建筑占地面积的 50% 和安置点人均建房占地面积标准的 50%，两部分相加即为移民在安置点可分配到的宅基地面积。这样，在库区住房面积大的移民，在安置区分配的宅基地面积也大，反之同理。同时，按家庭成员人数的多少，分别规定了封顶面积和最低保底面积，这样既能使土地得到合理使用，又能满足移民最低建房需要。建房的方式，以移民自建为主，也可以幢为单位由移民自己组织亲朋好友帮忙建房或移民自己聘人建房。有条件的移民可与安置区移民办联系，双方签订合同，由安置区移民办代建。如果安置区建房规划最高为三层，移民暂无能力建三层，也可以暂建一层或二层。困难户确实建不起房的，经移民村申报乡（镇）审查、淹没区县移民办审核、市移民办审定，由市移民办无偿为建房困难户投资盖一层房屋。

二 珊溪水利枢纽工程移民城镇化安置模式

实行"农转非"换取土地承包权，是由移民安置区原来承包土地经营的村民，自愿申请将其承包的土地交给村集体，经过村与乡（镇）和县（市、区）人民政府按照"农转非"标准和规定审查，符合"农转非"条件的，就地办理"农转非"。村委会把"农转非"收归集体的土地再转包给移民经营。这样，安置区原来的村民就转为城镇居民，移民转为安置区的村民。实行"农转非"换取土地承包权安置移民，一不改变土地的所有权，二不改变农田用地的性质，三不改变家庭联产承包责任制，四不改变农业人口的耕地占有量，五不改变粮食定购和农业税等项指标。

珊溪水库移民安置的成功在于在经济较发达的城镇为移民寻找到可以耕种的土地，为移民从农业生产向非农就业的转变创造了有利条件。实行"农转非"换取土地承包权安置移民是温州市的一项创举，只有温州地区，在我国20世纪90年代的特定背景下，才有条件创造并实行这种特殊政策。因为20世纪90年代温州地区农村有不少农民外出办厂、经商或务工，他们已经脱离土地，对土地的依赖观念发生了根本性的变化，他们离乡离土，不从事农业生产，但又必须承担农业生产责任，他们感到土地成了他们的负担，愿意将土地交还给村集体，他们迫切希望将农业户口转为非农业户口，从农民变成城镇居民，以便专心从事非农行业。换言之，温州地区有相当一部分土地需要有人承包经营，而移民安置正好需要土地，所以，温州地区客观上具备实行"农转非"换取土地承包权安置移民的条件

第二节 飞来峡水库移民城镇化安置模式分析

一 飞来峡水利枢纽工程建设概况与移民安置概况

广东省飞来峡水利枢纽位于北江干流中游清远市飞来峡管理区境内。坝址控制流域面积3.41万平方公里，占北江流域面积4.67万平方公里的73%，其地理位置对控制北江上中游暴雨洪水十分有利。飞来峡是北江流域综合治理和开发利用的关键工程。

工程以防洪为主，兼有航运、发电、养殖和旅游等综合效益。飞来峡水库淹没范围涉及升平、连江口、黎溪、水边、大

站、西牛、英城、望埠、黄岗、文化区10个镇，55个行政村，4座墟镇。全库计划迁移人口39657人，淹没耕地27747亩（其中水田20973亩、旱地6774亩），其他农林地11622亩（其中果园166亩、鱼塘1260亩、河滩地895亩、竹林5149亩、林地1042亩、桑园3110亩），荒地2151亩。淹没各类房屋894316平方米。

二 飞来峡水利枢纽工程移民城镇化安置模式

飞来峡工程占地和淹没土地后，人均剩余耕地面积约0.02公顷，山林约1公顷，耕地资源有限。但飞来峡库区山水资源丰富，气候条件优越，几乎每个管理区都有大量待开发的山林地，其土壤覆盖条件较好，一般可利用率达50%以上，另外，水库蓄水后形成的70.3平方公里人工湖面和2万多亩库湾水面可供开发利用，发展水面养殖有得天独厚的条件。通过采取"生产后靠、生活安置进镇"的离乡不离土的安置方式，移民进可从事第二、三产业，退可回原耕作区发展大农业生产，即形成了所谓的"两头有靠"。

1998年党的十五届三中全会通过的《中共中央关于农业和农村工作若干重大问题的决定》指出："发展小城镇，是带动农村经济和社会发展的一个大战略，有利于乡镇企业相对集中……也有利于扩大内需，推动国民经济更快增长。"飞来峡库区农村移民的城镇化安置模式符合国家提出的"加速乡村城镇化进程"的政策，有利于提高城镇化水平。而且广东作为我国改革开放的窗口，现代化的思想和生活理念不断改变土生土长的农村人，所谓"故土难离"的旧思想、旧观念已逐步为广大农民尤其是中青年农民所摒弃，向往城镇、向往经济发达地区的思想占了上风。飞来峡水库地处经济发达的广东省，距广州仅100公里，紧靠珠江三角洲，该地区是我国改革开放的前沿阵地，经济发展速度快，市场经济发育程度高，劳务市场需求量大，这些条件有利于库区富余劳动力的转移和非农化就业。

飞来峡水库移民安置在充分考虑移民环境容量、方便移民生产生活的基础上，结合城乡一体化、大力发展小城镇的要求，通过小城镇的龙头辐射作用带动周边农村地区的发展，对库区移民原则上不跨镇安置，相对集中地进镇安置。这种"以城镇为依托，集中、就近（原耕作区）安置"的移民安置方案被归纳为库区农村移民城乡联动安置模式，即在充分考虑移民环境容量的基础上，把解决移民的生产生活问题与城乡一体化要求结合起来，将库区移民相对集中地安置在集镇的一种新的安置方式。飞来峡工程所有集镇安置点与移民原居住地均不超过5公里，这有利于移民返回原居住地继续耕种剩余的土地或兼营其他产业。移民既可以部分地、自愿地保留原来习惯的农耕方式，解决基本口粮问题，又可以从事其他产业。同时，交通、供水、供电、通信、文教、卫生等生产生活设施更易于配套和完善，节省了基础设施投资并提高了投资的有效性。此外，完善的交通网络使得原来从事第二、三产业的劳动力可继续从事其原职业，外出打工也更快捷方便。

飞来峡工程移民安置区处于大珠江三角洲经济区，该区域能够为移民剩余劳动力提供广泛的就业空间。移民的生产结构及劳动力的就业结构调整与变化呈现三个特点：（1）部分劳动力继续就近耕作剩余的部分耕地，或开发部分可垦土地，种植经济作物；（2）镇区扩容与人口的集中，扩展了市场的规模与容量，转移了部分移民劳动力从事第二、三产业；（3）部分移民进城镇定居以后，没有了耕田的"后顾之忧"，增加了劳务输出的力度。

相对集中的城镇安置能使有限的移民资金相对集中起来，从而高标准、高起点地统一进行移民的住房、交通、通信、通电、用水、就医、就读等基础设施建设。

飞来峡水库移民安置区新建镇建设用地面积控制在人均不超过90平方米，居住用地5人以下，户均60平方米，6人以上，户均80平方米。建成后的新镇，移民住房区统一规划，房屋全部为砖与钢筋水泥混合结构；街道全面实现硬地化水泥路面；供水、供电与电信服务得到保障；城镇防洪能力达到50年一遇洪水标准（搬迁前的旧城区几乎年年受洪水淹浸），排水、排污系统完备；库周环库公路与北江大桥的兴建，打通了整个库区的对外交通通道。

为满足移民进城后的生存和发展需求，维护移民社区的社会稳定，需要立足社区建立城乡联动安置模式下的社区化社会保障，即移民小城镇除了享受国家基本保障外，努力建设本社区，新建具有移民特色的各种基础服务设施和配套设施，积极发展社区非营利组织，完善小城镇社区的福利性服务，以日趋完备的社区服务为手段，以各种硬件、软件设施为工具，以社区内非营利部门为组织者，为小城镇社区的居民（大部分为移民）提供关于保障安全、生存和发展方面的福利性服务。社区化社会保障是国家现行能够达到的基本保障的补充，它的目标思路是努力把小城镇的社会保障的基础建立在社区，不仅仅发展具有社区特色的服务保障，而且要将社会救助、社会保险也融进社区；不仅仅将社区化社会保障限于社会福利服务，而且要全方位地发展社区教育、文化、科学、体育、卫生、环境保护等各项事业，进行社区建设和社区发展，只有这样，社区化社会保障才能满足小城镇移民持续的、不断发展的、与城市化进程相随的保障需求。

第三节　棉花滩水库移民城镇化安置模式分析

一　棉花滩水电站工程建设概况与移民安置概况

福建棉花滩水电站，是"九五"期间国家重点建设项目。水电站坝址位于汀江干流下游永定县峰市镇境内。水库正常蓄水位173米（黄海标高），总库容20.35亿立方米，相应水库面积64平方公里。水电站以发电为主，兼有防洪、航运、旅游等综合效益。水电站于1998年4月开工建设，同年9月完成汀江截流，2000年12月下闸蓄水，2001年4月第一台机组发电，7月四台机组投入运营。

棉花滩水库淹没范围涉及永定县洪山、峰市、仙师和上杭县稔田、中都、下都、庐丰、临城等8个乡镇69个行政村。水库淹没处理范围1999年经国家有关部门审查调整后，主要实物指标有：一是应迁移农村居民8577户35426人，淹没影响23个村组5124人，生产安置39195人；淹没耕地1999公顷、林地2054公顷、毛竹林18.87公顷、荒山杂地12.6公顷；淹没各类房屋

162.82万平方米、各等级公路70千米、桥梁9座总长815米、乡村企业和个体作坊387家、小水电站40处1085千瓦,以及相应的广播、通信、有线电视和农田水利设施等。二是水库汛期蓄水后,水库末端拆迁补偿人口970户4065人,拆迁补偿房屋15.38万平方米。

棉花滩水电站建设时期,正是我国改革开放,党和国家富民政策在各地农村产生巨大效应的飞跃发展时期,不仅移民群众的生产生活水平有了大幅度的提高,产业经济呈跳跃式发展,而且库区移民群众的思想观念也在不断转变,经济意识、法制意识逐步增强。因此,移民安置不仅要考虑恢复移民原有的生产生活,还要为移民创造符合时代环境的发展机会。

棉花滩水电站移民安置遵循生活稳定、发展出路的基本思路。对移民生产就业恢复,遵循人均配置一份基本耕地,种植业、养殖业和非农产业规划并举,各产业开发统筹兼顾、选准项目、合理布局、适度开发、分步实施、保护生态、建立基地、注重效益、接轨市场、规范管理等原则;移民生活安置坚持以人为本,以后靠安置为主、外迁安置为辅,结合部分自行择地和投亲靠友安置,对安置点的选择遵循安全可靠,保持水土,有基本生产出路,尽可能向城镇规划辐射范围和交通干道地带集中,严格控制建设规模和投资规模,方便移民生产生活等原则。

棉花滩水电站移民生产安置规划,采取开发性移民方针,遵循以土为本、以耕地安置为主、其他产业统筹兼顾的原则。对就近安置的移民,落实库外剩余可利用耕地367公顷,开垦耕地30公顷,有偿调剂耕地145.67公顷,工程防护耕地140公顷,开垦果园545公顷,栽植绿麻竹和毛竹541公顷,开发库湾和池塘养鱼249公顷,发展水库网箱养鱼1800多箱,投放受精银鱼卵2146万粒,人均拥有耕地0.0383公顷、经济作物用地0.0766公顷。对外迁安置的移民,有偿划拨耕地323.6公顷,调剂林地1511公顷,人均拥有耕地0.0248公顷、林地0.116公顷。库区扶持饮食、营销、运输、维修等个体工商户,创办鞋厂、藤器厂、纸业加工厂、养殖场等;输送劳动力到经济发达地区就业;举办电脑、电子、畜牧水产养殖、果树、食用菌栽培等实用技术培训。

依照棉花滩水电站建设计划和水库移民实施规划,对安置点的选择坚持安全可靠、保持水土、有生产资料配置、相对集中、控制规模、方便生活、便于管理、促进发展的原则,规划58个安置点。其中,就近迁移37个点,安置4129户17421人;跨乡镇外迁21个点,安置3228户13037人;投亲靠友及自行择地安置1200户4968人。移民的住房得到了保障,其居住质量明显提高,人均居住面积36.7平方米,安置区的道路、供水、供电、排洪排污、挡护工程、通信、有线电视网络、文教卫生等基础设施完善,居住环境、公益性设施较原居住地有不同程度的提高,满足了移民迁移安置的基本要求。

二 棉花滩水电站移民城镇化安置模式

结合移民安置资源环境实际,依照加快农村小城镇建设步伐的有关政策和要求,根据统筹规划、因地制宜、各具特色、控制规模、节约用地的建设原则,棉花滩水电站的移民安置把移民新村建设与农村小城镇建设充分结合起来。

1. 农村剩余劳动力向非农产业转移

棉花滩水库移民搬迁为农村剩余劳动力从农业向非农产业的转移提供了契机。永定库区原峰市镇管辖的大园村,在1998年搬迁前有农业人口404户1594人,男女劳动力784人,其中有420人长期从事种植业和养殖业,占总劳动力的53.57%;从事经商、运输、劳务、服务等非农产业的有364人,占总劳动力的46.43%。1998年9月,该村移民整体迁移到靠永定县城的练坑点统一安置。由于安置地的地理位置比较好,移民充分利用水库淹没生产资源补偿资金,在政府的引导下,以市场为导向,大胆引进资金、技术和人才,不断发展具有区域特色的村级企业,如藤器厂、玩具厂、砖厂、鞋厂、副食品加工厂、鞋厂等,实现了劳动力的就地转移。

2. 基础设施建设城乡一体化

除投亲靠友和自行择地安置外,大部分移民迁移到了县城、乡镇及国(省)道附近。在移民搬迁前,库区的基础设施条件比较差，生产生活设施和交通设施非常落后。搬迁后，移民安置点一般由城镇或城郊乡管辖，对移民住房按照集镇新村建设要求进行统一规划，对公益事业设施，如医疗卫生、文化教育等尽量将其融入已有设施中；对移民村的公益设施则在一个较高层次的起点上进行恢复和建设。

第四节　百色水利枢纽工程移民城镇化安置模式分析

一　百色水利枢纽工程建设概况与移民安置概况

百色水利枢纽位于郁江上游右江段，是国家计委批准的《珠江流域西江水系郁江综合利用规划报告》中的第二梯级，是治理和开发郁江的关键工程。工程开发目标以防洪为主，兼具发电、灌溉、航运、供水等综合利用效益。工程建成后，可使南宁市防洪能力从20年一遇提高到50年一遇；可渠化干支流河道约300公里，改善下游航道357公里，改善和扩大灌溉面积58.4万亩。

水库淹没范围涉及云南和广西两省，水库建成后水域面积135平方公里，其中云南库区水域面积33.841平方公里，占全库区的25.07%。云南库区淹没涉及富宁县剥隘、者桑、谷拉3个乡镇10个村委会62个村民小组2920户14712人，其中动迁1987户9487人（含街道居民255户822人，机关单位居民140户549人，剥隘七醋厂8户27人）；淹没各类房屋34.22万平方米；淹没耕地16326亩、园地1064亩、林地19193亩、未利用地1097亩、其他土地10238亩；淹没三级公路16公里、四级公路37.3公里、剥隘至703矿公路28公里、机耕路22.2公里、人行路486.4公里；淹没通信线路165.6公里、输变电线路159.9公里及35KVA变电站1座。

百色水利枢纽工程云南库区处云贵高原中丘陵山区向湖广丘陵平原过渡的边沿，那里山高、谷深、坡陡、人稀地广，但耕地少、交通不便、信息闭塞、科技落后、经济很不发达，是典型的老少边穷地区。库区移民人力资源积累程度低，以随镇搬迁的百松、东楼、龙芽、百标、那莫等村民小组为例，共有农户218户，人口1108人，其中具有高中学历的中青年劳动力9人，占人口总数的0.81%，初中毕业的81人，占人口总数的7.31%，其他人受教育程度均为小学及以下，而且文盲占有相当大的比重。教育资源的缺乏导致移民思想观念落后和技能缺乏，移民一时难以适应市场经济的发展。因此，对移民生计的恢复主要放在耕地的开垦上，在此基础上开发经济林、果园，提高移民的收入。

百色水利枢纽工程移民安置坚持"大农业安置为基础，多样化安置"的原则，以土地为依托，以大农业为基础，实行土地资源开发、水利建设先行，发展种植业、养殖业及第三产业，妥善安置移民。

百色水利枢纽工程移民多样化安置方式主要有以下四种。

(1) 后靠安置，指在本村（组）权属地界范围内另选安置点安置。受自然环境条件所限，百色水利枢纽工程云南库区淹没村（组），其移民搬迁主要以后靠安置为主。

(2) 随镇搬迁安置，指水库淹没前在淹没乡（镇）周围的村（组）[在生产生活方面与该乡（镇）紧密相连、对乡（镇）有着较大依赖性的村（组）]在水库被淹没后本着不改变移民的生活习惯及生存方式的原则，在乡（镇）搬迁后也安置在其周边，云南库区剥隘镇随镇安置的有7个村（组）。

(3) 外迁安置，主要是指淹没村（组）在本村权属地界范围内生产资源缺乏，周边村（组）无法调剂出耕地资源，生产安置满足不了移民的正常生活需求，所以在本县范围内进行外迁安置，云南库区外迁安置的有5个村（组），其中百洋、南卡2个村（组）只外迁部分村民。

(4) 就地生产安置，主要是指淹地不淹房的村（组），库区虽淹没该村（组）部分耕地资源，但没淹没的剩余土地资源足够该村（组）的村民继续生存、发展，在经过一系列的生产开发后，村民可达到并超过现有生活水平。

当时国家的政策没有规定为库区移民在搬迁过程中发放临时

搬迁度汛生活补助费及有关标准。但考虑到库区移民在搬迁过程中的实际困难，库区正处于恢复建设期，移民忙于搬迁和永久房建设，没有能力和条件从事生产经营活动，经济来源受到制约，经多次与业主协调，参照当地最低生活保障标准，最终确定按每人每月180元发放移民临时搬迁度汛期间的生活补助（生活补助费每人每月80元，临时度汛补助费每人每月50元，物价补助费每人每月30元，卫生防疫补助费每人每月20元，合计每人每月180元），发放期从临时搬迁之日起至2005年12月止。

二 百色水利枢纽工程移民城镇化安置模式

百色水利枢纽工程的城镇化安置模式主要体现为随镇搬迁。下面以云南省富宁县的剥隘镇为例进行典型介绍。

随镇搬迁移民的土地调整方式有两类：第一类，大部分村（组）按照"谁开垦，谁耕作"的习惯，将各户所开垦的新地分包到户，不对原有的土地重新发包。对荒山资源的承包，以现有人口为基数，结合集体林权改革，把剩余荒山资源划分到户。坚持"大稳定、小调整"的原则，总体实现人均占有量平衡。第二类，部分村（组）对剩余的水田、旱地进行估算，按照人均进行调整，采取以多调少或者重新打乱抓阄再分的调整方式。

搬迁前，剥隘镇原有城镇人口仅为1871人。2003年，剥隘镇被云南省建设厅纳入全省20个重点特色城镇建设之中。2004年4月，剥隘镇新址规划通过了云南省水利部规划总院的审查，新镇规划总面积2平方公里，预计2020年人口规模可达1万人。

剥隘新镇的建设和发展与本地区的历史、区位优势及产业特色相结合。剥隘镇始建于宋代，自古就是云南与广东、广西等地交往的重要门户，素有"滇粤津关"的称誉。在迁建过程中，当地结合云南省重点特色城镇建设的要求，将新镇建设与剥隘古镇的历史和民族风情紧密结合。剥隘新镇按两个功能片区进行建设，第一片区是将集镇中心规划为集管理、商贸、服务、金融、信息、文物古迹、文化娱乐于一体的城镇核心区，第二片区则是将集镇周边区域设计为居民区、仓储区和加工区。随镇搬迁移民的宅基地的区位属于第二片区——集镇周边区域。在宅基地分配上，遵循统一规划、因地制宜、限额分配、无偿划拨的原则，每户移民分配一处宅基地，宅基地为 90 平方米/户，在宅基地分配方案中按照主街道、次街道、临街面、次临街面、非临街面的顺序有限安排，同时，考虑规划整村安置。在分配到宅基地后，移民的房屋采用自建的方式建造。对供水、供电、道路、通信、教育、医疗等设施进行了相应的完善。

由于小城镇安置的移民并未迁出原址，仍旧为农业户口，因此还享有后期扶持资金。劳动力的转移主要依靠城镇就业吸纳，依托集镇，大力发展交通运输、餐饮、批发零售、居民服务等行业，带动第三产业的发展。例如，为了保证群众的生产生活，地方政府首先在房屋设计上都留有店面，鼓励移民从事出租、零售、汽修、餐饮等事业；其次是依靠劳务输出，地方政府充分利用劳动力资源丰富的条件，多渠道组织富余青壮年劳动力外出务工。

第五节　小浪底水库移民城镇化安置模式分析

一　小浪底水利枢纽工程建设概况与移民安置概况

小浪底水利枢纽工程位于三门峡水利枢纽下游 130 公里、河南省洛阳市以北 40 公里的黄河干流上，控制流域面积 69.4 万平方公里，占黄河流域面积的 92.3%。坝址所在地南岸为孟津县小浪底村，北岸为济源市蓼坞村，是黄河中游最后一段峡谷的出口。小浪底水利枢纽的开发任务以防洪、防凌、减淤为主，兼顾供水、灌溉、发电等。

小浪底移民人口 20.14 万，其中河南省 15.94 万，山西省 4.2 万，安置区涉及两省的 16 个县（市、区）。施工区涉及河南省孟津县和济源市的 7 个乡 19 个行政村，征地总面积 23.34 平方公里（折合 35067 亩），施工区动迁移民 1.17 万人。小浪底水库正常蓄水位为 275 米，库区淹没影响总面积 277.8 平方公里，涉及河南省的济源、孟津、新安、渑池、陕县以及山西省的垣曲、夏县、平陆 8 个县（市），淹没耕地 20.07 万亩，园地、林地

5.94万亩；淹没房窑743.17万平方米，需搬迁174个行政村、12个乡（镇）政府、787家工矿企业，移民18.97万人；淹没黄河索道桥2座、渡口72处、公路1022.4公里、20千伏输电线16公里、35千伏变电站2座、35千伏输电线49.6公里、10千伏输电线867.7公里、通信线路777.6公里、广播线路893.4公里；淹没文物古迹297处。

小浪底水库周边多为山区，河边好地均被淹，山上水土资源贫乏，地形比较破碎，水利条件差，不仅无法为移民提供基本的口粮田，也不利于移民可持续发展，容易形成安置后的遗留问题。因此，在安置去向上，移民以外迁为主，不坚持就地后靠。

在贯彻党中央的开发性移民方针中，小浪底移民工作坚持以农为本、以水土资源为主要依据、综合考虑、全面规划、妥善安置好移民的原则。1995年3月25日，水利部颁发了《黄河小浪底水利枢纽水库淹没处理及移民安置技施设计阶段设计大纲》，明确了小浪底水库移民安置以发展大农业为基础、农工结合的方针，充分发掘利用当地资源优势，在大力发展农业生产的同时从实际出发，多渠道、多产业、多形式、多方法地安置移民。另外，实行移民整建制的搬迁，按国家征地办法向安置区的农民征购土地，对安置区被征地的群众在生产生活条件方面适当予以照顾，以实现安置区群众和移民长居久安。

既然黄河小浪底工程移民生产安置方式是以农为主，就必须将保质保量的土地分配给移民。安置土地的来源主要有两种：第一，安置区土地划拨，经由移民村和接收村就有关具体的安置地点、划拨地块达成一致意见，按照法定程序，以建制村的名义进行土地调整，将土地整片划拨给移民村；第二，黄河滩区整治，在小浪底工程下游利用黄河泥沙淤高滩区开发耕地安置移民。这些地区的耕地均能做到旱涝保收、稳产高产，有条件实现成片吨粮田，而且附近乡镇企业比较发达。小浪底水利枢纽工程为移民平整土地、改良土壤8万余亩，发展水浇地12.45万亩，移民人均划拨耕地1.39亩。政府帮助移民优化种植结构，通过开展农田基本建设，提高耕地单位面积产量，使移民区成为高效农业的典范。

小浪底移民安置点大都距市（县）较近，生产生活条件较好。移民充分利用地理优势和环境条件，优先到城区打工和发展工副业，在其家庭收入中，打工的工资、工副业收入所占的比重越来越大。在居住环境方面，移民安置点修建了柏油公路，架设了输电线路和通信线路。移民从原来居住的窑洞搬到了采光、通风、卫生条件较好的砖混结构房屋中，人均住房面积38平方米。每个村都有标准较高的学校、卫生院等设施，移民家庭还购买了电视机、洗衣机等。

小浪底水库利用国际开发信贷协会贷款项目进行移民，移民项目规划设计工作程序受到国内规范和世界银行的双重约束。世界银行要求非常严格，在移民安置规划方面，坚持移民安置目标不低于搬迁前原有生活标准，制定了移民安置标准并载入《小浪底移民项目开发信贷协定》；强调在移民安置方案的制订中要充分注意和地方政府、移民机构进行协商，注重移民群众的参与，听取移民群众的意见，并广泛地向移民群众宣传移民政策、标准；在移民搬迁过程中，强调做好社会调整工作，使移民与安置区的群众在社会、经济和文化方面能够融合，并要求建立移民申诉报告制度。完善的沟通和协调机制，不仅化解了移民社会稳定风险，也将移民的发展需求融入政府的规划中。公众参与促进了移民管理水平的提高，也使小浪底移民安置工作向科学化、规范化迈进了一大步。

另外，小浪底工程还对移民社会经济发展进行独立的监测和评估。评估工作每半年进行一次，评估内容主要包括新安置点的农业产量、劳动就业、文化教育、公共卫生、经济收入、公众参与，以及对组织机构、社会服务与社会发展的评估。

二 小浪底水库移民城镇化安置模式

小浪底水库移民城镇化安置模式主要有两种：第一种是整建制工业安置农村水库移民，第二种是集中安置和"门面房经济"相结合。

1. 整建制工业安置农村水库移民

受环境容量的限制，对小浪底水库部分涉淹人口必须进行县外安置。为支持国家建设，新安县狂口村向政府提出了整村外迁安置的要求。安置区所在地各级政府对此要求进行了充分的调研和论证。义马市于 1995 年接受并安置了小浪底水库围堰区新安县狂口村 1660 户 5875 人，并实行了以第二产业为主的安置。具体做法如下。

（1）从农村社区到城市社区

1995 年初，结合义马市的城市规划方案，义马市政府在市经济技术开发区内划拨了 270 亩土地用于安置新安县狂口村村民。小区投资约 9000 万元用于建设区内生活及公共配套设施等。移民于 1997 年 6 月 30 日全部搬进小区，社区管理完全由移民自己负责。小区取名为义马市狂口社区，隶属义马市经济技术开发区，移民被全部纳入义马市城市居民管理范围。由此，狂口村移民集中安置的小区实现了由"农村社区向城市社区"的转变。

（2）以工业安置为主，农业和第三产业相结合

狂口村移民主要以工业为主的方式进行安置。按照原计划，移民主要由义马矿务局、煤气化工程公司、市属工矿企业负责安置，其他由移民自办企业安置。当时受城市工业和经济结构调整的影响，国有企业下岗职工较多，而且有些国有企业的岗位对学历要求比较高，难以按照原计划以工业安置的方式来安置农村移民。鉴于此，义马市政府对原安置计划进行了相应的调整，利用国家移民政策和城市经济开发政策等挖掘各种资金渠道，兴建移民企业，先后建起了电厂、电磁厂、水泥制品厂、制药厂、塑钢厂等生产企业来安置移民。移民中的 18~45 岁的劳动力全部得到了工业安置，完成了由"农民向工人"的转变。

除此之外，义马市政府遵循"宜工则工、宜农则农、多渠道安置移民就业"的原则，利用第一产业和第三产业安置无法进行工业安置的移民，尤其是那些超过工矿企业劳动就业年龄（45 岁以上）的移民劳动力，以保证移民的基本生活，比如，开发河滩地种植农作物，创办高效农业蔬菜园区等，将社区的空地承包给一些具有一定经营实力的移民用于发展第三产业。

2. 集中安置和"门面房经济"相结合

"发展小城镇是推进我国城镇化的重要途径"，小浪底水库把

我国经济发展的这一战略性措施应用于自身的移民安置工作中，把移民安置和扩大集镇建设结合起来。山西省垣曲县移民安置采取了集中安置和"门面房经济"相结合的模式。垣曲县将原来以村为单位分散安置的19894人集中安置在4个乡镇及县城，占该县农村移民总数的60%，促进了"三农"转化效应。垣曲县各移民村住宅建设采取统一规划标准、统一宅基地面积、统一建筑模式的"三统一"措施，在集中安置的基础上重点发展小城镇，实施城镇化战略。集中安置也改变了移民的生活方式，由于向小城镇化方向发展，移民失去了以前的"庭院经济"（用房前屋后闲置土地饲养家禽等），取而代之的是"门面房经济"，即移民利用自己的门面房做起了小生意。在垣曲移民安置区，平均每村有72户门面房。移民或者出租门面房，或者自己做生意，或者出外打工，经济观念发生了较大改变，经济意识进一步增强。

第六节 丹江口水库移民城镇化安置模式分析

一 丹江口水库工程建设概况与移民安置概况

丹江口水利枢纽是南水北调中线一期工程的水源地，位于汉江中上游、湖北河南两省交界处，属大巴山、秦岭向江汉平原的过渡地带，是开发汉江的第一个大型控制性骨干工程，具有防洪、发电、引水、灌溉、航运、养殖等综合利用效益。

丹江口水利枢纽工程分两期建设。一期工程于1958年动工兴建，1973年年底全部建成，正常蓄水位157米，淹没耕地42.9万亩，共搬迁3个县城，移民38.2万人，其中21.1万人就地后靠安置。二期工程大坝加高后，坝顶高程由162米加高到178.6米，大坝总长3.45千米。水库大坝加高淹没涉及湖北、河南两省4县1区78个乡镇。据2003年库区淹没实物指标调查统计，淹没涉及总人口22.35万，其中农村人口20.15万，城镇人口2.2万；淹没房屋621.21万平方米，其中农村房屋448.29万平方米；淹没耕地1.49万公顷、园地2267公顷、林地4393公顷、养殖水面647公顷、牧草地800公顷、其他农用地1487公顷、建设用地 2733 公顷、未利用地 3627 公顷。

在特定的历史条件下，丹江口水库一期工程水库移民安置缺乏全面规划，补偿标准较低，大量移民在水库周边后靠安置，使水库周边存在人口密集、土地资源少、抗自然灾害能力差等遗留问题。因此，二期大坝加高工程移民安置必须充分考虑环境容量。然而，丹江口水利枢纽一期工程建成后，库区农用土地资源开发程度高，环境容量有限，二期大坝加高工程将淹没大量土地，使有限的资源更加紧张，按目前的环境容量计算，丹江口库区人均耕地只有 0.047 公顷。众多的农村人口，使库区周边自然环境长期处于"超载"的状态。

丹江口水库移民安置坚持以外迁为主、保护生态环境、以土为本、大农业安置等原则。考虑到库区剩余土地资源有限，对丹江口水库移民主要实行外迁安置，河南省共需搬迁安置移民 16.2 万人，其中淅川县内安置 1.88 万人，出县外迁安置 14.32 万人。同时，移民搬迁与新农村建设相结合，建立相对集中的农村居民点。目前，丹江口移民新村建设的指导思想是，按照社会主义新农村建设的总体要求，以促进增收为核心，以发展现代农业和改善民生为重点，以农业基础设施建设、生态环境建设、公共服务体系建设为抓手，开拓创新，提高发展能力，改善生活水平，展现农村新面貌。

丹江口农村移民生产用地划拨标准为，旱地人均 1.4 亩或水浇地人均 1.05 亩，宅基地户均 0.25 亩。土地划拨的途径主要有剩余土地资源的利用、安置区土地开垦、安置区土地调整。除了保证移民的土地数量外，移民管理部门还积极地对外迁移民的农田水利设施、生产工具、农业生产技能培训等方面做出了必要的安排。

在选择丹江口水库移民集中安置点时，政府充分考虑了区位因素，将安置点尽量整合到城镇、主要交通干道、工业园区附近以及其他条件较好的地方，利用附近城镇、工业园区，为劳动力的转移提供就业岗位。

移民新村建设是实现移民安置目标的重要基础，在居民点的设计上坚持与社会主义新农村建设相结合、与地区经济社会发展相结合、与城镇规划相衔接、与规划期内当地经济社会发展水平相适应。移民房屋类型参照试点规划，由移民自主选择，国家将该补偿给移民的钱全部给移民。对于移民原有房屋及附属建筑物补偿款不足以修建人均24平方米砖混结构住房的建房困难户，实行建房困难补助。居民点建设用地标准为85平方米/人（不包含对外基础设施建设用地、公益性墓地占地），移民宅基地按联户布置，每户宅基地标准为140平方米，住房占地控制在80~90平方米/户为宜，公益性墓地4平方米/户。

根据建设征地移民安置规划和国家有关法律规定，种植业安置土地调整费用来自淹没区土地补偿费用。由于安置标准高于淹没前人均水平、外迁安置区耕地产值高于库区，安置移民需要调整的土地费用高于库区土地补偿及安置补助费和农田水利设施补偿之和，库区受淹土地的补偿费不能完全满足移民生产安置的需要。提高移民生产安置增补费，则可以解决丹江口库区移民生产安置的实际困难。

二 丹江口水库移民城镇化安置模式

丹江口水库移民城镇化安置模式主要体现在农村移民集中安置，其安置点基础设施建设基本上达到小城镇建设的标准。下面以丹江口水库最大的移民安置点为例进行介绍。

黄湖移民新区是南水北调中线工程最大的移民安置区，总面积8600亩，共接收郧县移民874户3723人，总投资31572.43万元。黄湖新区的硬件远远超过了一般村的水平，并与县城接轨。新区的学校、幼儿园、车站、污水处理站等设施齐备，供水、供电、燃气、电信等管网与团风县城同网同价。民政、医疗等部门对困难移民应保尽保，并在湖北省率先启动农村养老保险。黄湖新区是以城市社区管理方式服务群众的。党员群众服务中心按照社区建设"9个一"要求建设，党员活动室、远程教育室、警务室、图书室、综合服务超市、卫生服务站等服务机构齐全，群众不出社区就能享受到全方位、一站式的服务。

第四章
楚雄青山嘴水库移民城镇化安置模式的分析

青山嘴水库位于楚雄彝族自治州首府驻地楚雄市鹿城镇上游金沙江一级支流龙川江干流上，库容1.08亿立方米，距楚雄城区14.5公里，是一项以解决城市防洪、灌溉为主，兼顾城市工业供水的骨干水利工程，是国家发改委批准的2006年西部地区新开工建设的12项重点工程之一，同时也是云南省和楚雄州"十一五"期间的重点水利工程项目。楚雄青山嘴水库共搬迁安置移民1833户7249人，其中城市楼房安置1676户6706人、城镇宗地安置98户363人、农业安置41户151人、货币安置18户29人。移民搬迁安置工作历时4年，从2006年开始试点，2007年全面启动，2009年完成搬迁安置任务。

在借鉴其他地方经验和广泛征求移民意见的基础上，楚雄州人民政府制定并下发了《楚雄彝族自治州青山嘴水库工程移民安置管理办法》。《安置管理办法》规定："坚持农业安置与非农业安置相结合，以农业安置为主。"移民安置采取集中安置、分散安置、后靠安置、城镇安置、自谋职业和投亲靠友方式进行。但在实施过程中，移民不愿意外迁安置而使工作受阻。为了扭转局面，移民部门针对移民反映的情况提出了城市楼房安置方式供移民选择，90%以上的移民选择了这种安置方式。因此，楚雄青山嘴水库移民安置方式从最初规划的以农业安置为主变成了以城市楼房安置为主。

青山嘴水库以城市楼房安置为主的移民城镇化安置方式，统筹了城乡一体化发展，顺应了城镇化发展的方向，推进了城镇化进程。青山嘴水库移民城市楼房安置方式满足了新时代移民的意愿和要求，符合《大中型水利水电工程建设征地补偿和移民安置条例》的精神和原则，是我国水库移民安置方式中的一次大胆探索和创新，或将成为我国水库移民安置方式的发展方向。

下面就青山嘴水库移民城镇化安置的情况做典型介绍和分析。

第一节 楚雄青山嘴水库移民城镇化安置的背景

一 以农业为主的安置方式无法满足青山嘴水库移民的需求

由于水库移民的主体是农民，他们长期生活在农村并从事与农业相关的生产，因此农业安置方式一直是我国最重要的水库移民安置方式。但这种方式越来越暴露其诸多不足，一方面受耕地资源短缺、库区环境容量不足和土地承载力有限等因素的制约；另一方面我国目前正处在社会转型和城乡统筹的背景下，农民自身的观念和利益诉求也在发生很大的变化。

根据"以水定土，以土定人"的原则，结合环境容量的测算，青山嘴水库工程移民规划以农业安置方式为主，辅以城镇化（第二、三产业）安置方式，在楚雄、禄丰、南华三县市安置移民。

按原规划，农业安置方式总共安置移民1607户6383人。农业安置方式主要有两类：后靠安置和集中安置。前者计划安置640户2506人，采用"以土为本、以农安置"的方式，其土地配置资源来源于本村组移民外迁后剩余的土地和库周剩余可开发的土地。后者分布在楚雄市、南华县和禄丰县等，其中，楚雄市内设6个农业集中安置点，共安置289户1077人；南华县设2个农业集中安置点，共安置248户1100人；禄丰县设5个农业集中安置点，共安置430户1700人。各安置点土地资源相对较丰富，可调整的耕地相对较多，采用农业和林果业相结合的安置方式。移民人均配置耕地1亩和林地4~5亩，与当地居民人均水平相当。

城镇化（第二、三产业）安置方式计划在楚雄周边地区安置移民1240人（含非农业安置人口43人），设2个安置点，其中康家村城镇安置点安置88户332人，栗子园城镇安置点安置217户908人（含非农业安置人口43人）。

在2007年2~7月移民搬迁动员过程中，大多数移民不愿外迁到南华县、禄丰县和跨乡（镇）安置，不愿意签订搬迁安置协议书，提出要在楚雄市内安置。同时工程建设不能停，安置地群众大多又不愿接收移民，提出诸多接收移民的条件。移民搬迁面临"搬不出"的困境。2007年7月，移民搬迁安置工作进入僵持和停滞状态，原打算的以农业为主的安置方式全面受阻，其主要原因如下。

一方面，安置实施过程中青山嘴水库移民的观念发生很大变化。虽然原规划以农业为主的安置方式尊重了移民意愿，移民对安置方式、安置点都是认可的，但移民安置从规划到实施，时间跨度较长，社会环境发生了很大变化，城镇化的加速发展、移民思想观念的转变，使得移民的安置意愿也随之发生改变。到了移民安置实施阶段，大多数移民不愿意跨县外迁安置，要求在楚雄市内进城安置，抵触情绪较大。

另一方面，安置地群众大多不愿接收移民，认为移民是来与他们争土地、山林等有限资源的。如果以外迁方式安置的话，移民与原居民的难以融合必将产生不少社会问题，安置地将面临社会稳定风险。

二 国家和云南省的水库移民和城镇化政策的指导

首先，国家和云南省政府关于大中型水利水电工程的移民政策为青山嘴水库移民城镇化安置方式的提出指明了方向。《大中型水利水电工程建设征地补偿和移民安置条例》第十三条规定：对农村移民安置进行规划，应当坚持以农业生产安置为主，遵循因地制宜、有利生产、方便生活、保护生态的原则，合理规划农村移民安置点；有条件的地方，可以结合小城镇建设进行。云南省人民政府在《云南金沙江中游水电开发移民安置补偿补助意见》中提出"立足长效补偿机制、实行六种安置并举、建立产业发展资金、享受统一后期扶持"的工作思路。上述政策和工作思路为楚雄青山嘴水库移民城市楼房安置方式的出台提供了指导。

其次，青山嘴水库移民安置方式顺应了国家、云南省及楚雄城镇化发展的趋势。加快城镇化进程，既是解决"三农"问题、实现城乡协调发展的必由之路，也是保障和改善民生、全面提高城乡居民生活水平的客观要求。我国目前正处在城镇化加速发展的阶段，即城镇化率由30%增长到70%的阶段。2010年我国城镇化率提升至50%，而云南省城镇化发展相对滞后，城镇化率仅达到35.2%。为了加快云南省城镇化的建设步伐，云南省各级政府进行了大胆探索和实践，提出了"城镇上山、工业上山"的农村人口梯度转移的城镇化发展战略。因此，楚雄青山嘴水库移民城市楼房安置方式既符合我国水库移民城镇化的思路，也为农村人口城镇化梯度转移提供了有益的尝试和宝贵的经验。

三　其他地区探索水库移民城镇化安置为楚雄青山嘴水库移民提供了借鉴

目前国内移民城镇化安置模式整体上还处在探索阶段，只有一些水库，如珊溪水库、飞来峡水库、棉花滩水库、百色水库、小浪底水库和丹江口水库等，对移民城镇化安置模式进行了一些初步的实践，如珊溪水库允许非土地安置的移民将其户口"农转非"，移民被安置在经济发达、市场繁荣并有就业机会的城镇或集镇，而且免缴城市增容费，享受城镇居民待遇；飞来峡水库以城镇为依托对移民进行就地集中安置；百色水利枢纽依托集镇采取店面房屋发展第三产业或组织移民外出务工进行安置；等等。这些都为青山嘴水库移民安置模式的提出和实施提供了经验借鉴。

第二节　楚雄青山嘴水库移民城镇化安置政策

青山嘴水库移民搬迁安置人口1833户7249人，安置方式有四种，其中，城市楼房安置1676户6706人，占搬迁安置总人口的92.6%；城镇宗地安置96户363人，占搬迁安置总人口的4.9%；农业安置41户151人，占搬迁安置总人口的2.0%；货币安置18户29人，占搬迁安置总人口的0.5%。楚雄青山嘴水库移民城镇化安置方式以城市楼房安置为主，其他还有少量的城镇宗地安置，城镇化安置比例达到了97.5%。

鹿城南路万家坝栗子园城镇安置点地处楚雄东南片区，栗子园与楚双公路交接，此处为城市开发地段，是楚雄新的经济开发区。楚雄州规划的楚雄州职业教育中心、楚雄州人民医院新区、楚雄州文化活动中心、葡萄酒城总部、云南红塔集团楚雄卷烟厂、岭东纸业、弘邦林化工等重点项目就集中在安置点周边4千米范围内，安置点区位优势突出。

具体安置政策如下。

一 城市楼房安置的政策

集中安置小区指的是在指定的安置地点由政府部门根据环境容量、人口承载量等研究数据进行统一规划建筑规模、规定建房条件的安置楼房小区。从安置选址看，可分为集镇安置小区、城市郊区安置小区、城市市区安置小区。建设集中安置小区，政府需要投入大量的成本，如安置小区新址的土地取得、土地平整、基础设施建设、公共服务设施配套建设、小区管理、建房投资等，但从另一角度看，集中安置小区能够统一解决安置移民的基础设施配套以及公共服务建设的问题，同时提高土地的空间利用率。

城市楼房安置是指由政府统一建盖楼房，移民享受20年生活补助，根据自己的补偿费用和经济能力、家庭人口数量等实际情况按成本价购买住房的一种安置方式。其主要政策和综合配套措施体现在四个方面。

第一，生活保障。①实行20年生活补助。给予移民每人每月250元的生活补助，补助期限为20年。资金来源为土地征用补偿补助费、水库收益、州市财政补助。②建盖一定数量的经营商铺，由集体经营或统一出租，所得收入分配给移民作为生活补助。③原迁农村移民统一享受大中型水库后期扶持政策，每人每年600元，连续扶持20年。

2012年楚雄州人民政府提高了移民生活补助标准，由原来的每人每月250元提高到300元，并按5%逐年递增。

第二，住房保障。住房是移民生活的根本需求，也是城镇社区集中安置模式的关键点。按城镇社区统一规划，栗子园安置小区建设了90幢多层住宅，配套建设了幼儿园、社区服务中心、文化休闲广场、商业设施等，专门为回族群众复建了清真寺，供水、排水、社区道路、对外道路、电力、燃气、网络、有线电视、安全监控系统、停车场所一应俱全，安置小区具备现代城市社区的基本条件。按照人均35平方米配置基本面积住房，设计70平方米、105平方米和140平方米三种不同户型，房屋按照城市居民住房设计，具备独立卫生间、厨房、卧室、客厅等。对于住房基本面积部分，移民以800元/平方米的成本价购买；对于超出部分，按市场价购买。相较于库区的土木结构平房，移民的居住条件有了质的改善。

第三，社会保障。加大技术培训力度，多渠道、多形式地促进移民就业。建立健全移民医疗保险和养老保险制度，保证移民病有所医、老有所养。移民在教育、就业、卫生、低保等方面享有与城市居民同等待遇。

第四，管理服务。成立栗子园社区管委会，加强对小区的管理和服务。在社区管理方面，建立了社会保障、宣传教育、应急机制，注重移民参与管理；成立了社区管委会等机构，公开招聘社区服务人员，为移民提供社区工作岗位；设有社区服务中心、综治维稳办、卫生站、就业工作站等十多种社区服务组织，开展多种活动，以促进移民尽快适应城镇社区生活。针对少数民族移民多的情况，社区成立了具有彝族特色的左脚舞队，并为回族移民配套建造了清真寺等，加强移民之间的相互交流和融合，共促社区环境良好健康发展。

二 宗地安置的政策

宗地安置是指政府为移民提供具有国有土地使用权的宗地，并做好土地平整、基础设施配套建设，按照城市土地利用总体规划及当地有关的建房规范确定房屋建造标准，由移民自行建房。

宗地安置是在城市规划区范围内，人均配置宅基地40平方米，户均不超过120平方米，统一规划，房屋自建。移民生活来源通过铺面和房屋出租及从事第二、三产业解决。政府只投入土地征用费、基础设施建设费和应兑付给移民个人的财产补偿补助费，其余由移民个人承担。

第三节 楚雄青山嘴水库移民城镇化安置实施过程

一 城市楼房安置方式的提出和推进

面对移民搬迁的困难，移民部门开始在政策允许的范围内本着"以人为本，构建和谐社会"的精神，充分尊重移民意愿，创新移民安置方式，增加一种新的方式——城市楼房安置供移民选择。在论证这种安置方式的过程中，楚雄州移民局采取自下而上的方式进行了探索，多次在村组召开村民座谈会，听取广大移民对这种安置方式的意见，并根据移民的意见对方案进行修订和完善，然后就安置方式的调整问题专门向州政府和省移民局进行专题汇报，并得到上级有关部门的认可，重新编制移民安置规划，经专家审查后，上报云南省政府批准。

城市楼房安置政策在宣传后，得到了基层干部和广大移民的拥护与支持，调动了移民搬迁的积极性，打开了原来移民搬迁工作僵持的局面。从2007年8月15日至8月31日，99.3%的移民签订了移民安置协议，其中，选择城市楼房安置的人数占已签协议人数的91%。在签订搬迁安置协议的移民中没有1户愿意到南华、禄丰县和楚雄市的东华、子午安置。

二 移民搬迁的顺利实施

2008年1月2日栗子园移民小区开工建设，2009年6月下旬移民开始陆续入住，7月底1676户6682名移民全部顺利入住栗子园小区。青山嘴水库移民搬迁工作之所以能如期顺利进行，关键在于：一是楚雄各级党委、政府在思想上高度重视并实行了包保搬迁安置责任制。楚雄市委、市政府及州级相关部门把移民顺利搬迁入住作为重大的政治任务来完成。在移民小区建设和搬迁过程中，楚雄市委、市政府主要领导亲自抓，市政府成立了栗子园移民安置小区工程建设项目部，负责小区规划和建设。在搬迁入住时，实行市级领导和市属部门包保搬迁安置责任制。二是精心制订了移民分房方案，实现平稳顺利分配移民住房。三是成立了栗子园社区管委会，加强对小区的管理和服务。

三　移民搬迁后就业问题的解决

就业问题关系城镇化安置移民的稳定和长远发展。要实现城镇化安置移民长治久安，最根本的是使移民实现充分就业。楚雄州、市政府及相关职能部门把移民进城后的就业问题，一直作为城市楼房安置的重点予以关注并取得了明显成效。截至2009年10月31日，移民已就业3548人，占劳动力就业人口的84.2%，未就业664人，提前完成年底移民就业人口达到80%的计划目标。2012年7月底移民就业率达到96%，消除了零就业家庭。楚雄青山嘴水库移民城镇化就业安置之所以取得如此大的成绩，其原因主要有三个。

一是移民就业工作的开展贯穿于移民安置工作的全过程。在移民安置规划阶段，移民安置规划设计单位在深入库区认真调查的基础上，摸清了移民的基本情况和就业现状，并通过分析就业形势，编制了青山嘴水库移民劳动力就业发展规划。在移民搬迁前，州、市移民部门和乡镇人民政府先后举办了6期青山嘴水库移民劳动力就业培训班，参加培训的移民共计1300多人，培训内容有电脑、花卉园艺、家政服务、烹饪、缝纫、餐饮、驾驶技术等。在移民搬迁后，楚雄市劳动社会保障部门在栗子园移民小区设立了栗子园社区劳动保障就业信息服务工作站，为移民提供就业信息、职业介绍、就业培训和社会保障政策咨询等服务。

二是政府各部门对移民就业实行包保责任制。在移民入住栗子园移民小区后，楚雄市委、市政府专门成立了楚雄市栗子园小区移民就业协调领导小组和栗子园小区移民就业工作组，主要领导亲自抓，制定了《栗子园小区近期移民就业推进工作方案》，把栗子园移民就业工作任务分解到市级33家包保单位，包保单位协调组织用工单位到小区开招聘会，切实促进了移民就业。

三是市场经济条件下移民的主动性增强。在计划经济时代，水库移民安置基本是政府行为，即政府或代表政府的某部门为待迁移的人口寻找地方，建安置点，限时让移民搬迁。移民基本上没有讨价还价的余地，安置过程很少体现移民的意愿。但在市场经济时代，这种情况发生了根本的变化，移民的观念发生了很大的变化，移民的利益诉求增多，移民的主动性也大大增强。青山嘴水库部分移民在搬迁过渡期就在楚雄市找到了工作，积极主动地融入城市生活。

第四节　楚雄青山嘴水库移民城镇化安置社区管理创新

一　健全的组织管理体系及干部队伍

栗子园社区成立了管理委员会和社区党总支，管委会主任实行高配，为正科级干部，副主任由原库区的村委会主任担任；按幢组建党支部和党小组，按单元设立居民小组，选举产生的19个党小组长、18个居民小组长、18个妇女小组长、18个团小组长、93个楼长和229个单元长组成管理服务网络。除此之外，小区还建立了清真寺管理会、红白理事会、警务站、劳动和社会保障工作站、物管公司、医务站、幼儿园等10个服务机构。由此，小区建立了"纵向到底，横向到边"的组织管理体系。

社区党总支和管委会还大力加强干部队伍建设，把党建工作作为统领栗子园小区各项工作的着力点。一是小区党总支建立党建工作书记抓、抓书记、党员领导干部带头示范的责任体系，形成党总支书记亲自抓，分管书记具体抓，支部书记直接抓，党员干部带群众一级抓一级，层层抓落实的工作格局。二是认真贯彻落实民主集中制、党总支议事规则、党总支中心组学习制度，先后制定了《党总支成员党建联系点制度》《党总支书记讲党课制度》《首问负责制度》《党务、为民服务公开制度》等规章制度。三是以"建设学习型党组织"为抓手，实行党总支班子轮流学、干部交流心得体会的学习制度，每季度召开一次民主生活会，每半年召开一次组织生活会，开展出专题黑板报、党员义工日等活动。四是深化党员设岗定责和实事承诺活动。推行党员发展公示制，认真落实党员教育培训制度、审查制度、谈话制度、入党宣誓制度、流动党员定期回访制度，建立定性与定量相结合的考核制度，实行党建工作与经济发展、社会事业、社会管理工作立体化考核，将党组织和党员干部作用的发挥作为各项工作的重要考核指标。

二 规范和透明的社区管理制度

管理岗位的层层包保责任制度。为了加强社区管理，栗子园小区建立党总支、党支部和党小组工作制度与岗位责任制，如实行"两委"班子包保责任制，社区党总支与各党小组长、妇女小组长、团小组长、楼长、单元长签订了目标管理责任状，使工作层层落实，事事有人管。对每一个管理岗位都明确岗位职责，并建立了小区干部管理绩效考核制度。

管理工作的制度化和规范化。栗子园移民小区管委会从实际需要出发，按照围绕中心、形成合力的原则，制定了一系列社区管理制度，如《栗子园小区管委会管理制度》《栗子园小区临时农贸市场经营管理办法》等。

管理制度的透明化和公开化。积极推行"四议两公开"议事制度，对涉及小区居民切身利益和小区发展的重大事项，通过开展"两委"班子议、小组干部议、党员议、居民代表议的会议制度，按照民主集中制的原则形成决定，然后组织实施。社区党总支实行党务、政务、财务三公开制度，实行事前预告、事中报告、事后公告，公开前经监督小组审核，监督小组成员在居民代表中推选产生。

三 灵活而有效的社区管理机制

典型示范的带动机制。近年来栗子园小区被上级有关部门树立为各种典型，如 2010 年，被市委、市政府表彰为"移民工作先进单位"，社区党总支分别被州委、市委评为"先进基层党组织"，被市政府和州民委命名为"民族团结进步示范社区"，栗子园小区被楚雄州妇联表彰为"万名妇女学科技，创佳绩，促和谐"竞赛活动先进集体，被楚雄州纪委监察局表彰为"楚雄州农村基层党风廉政建设示范点"，等等。通过典型社区的创建工作拉动小区的各项管理工作，栗子园小区成为楚雄鹿城经济社会各项事业发展的先进典型，也为全市的社会管理工作树立了标杆。

矛盾的及时化解机制。楚雄移民部门与栗子园移民小区互帮互助，实行移民干部联系移民村组，开展干部大下访、矛盾大调解工作。据统计，2009~2011 年小区管委会接待群众来信来访 322 件，做到了件件有答复、事事有落实；排查调处矛盾纠纷 191 件，调处成功率 97.5%，做到了矛盾不过夜，小矛盾不出社区、大矛盾不出镇，"平安和谐家庭户"创建达标率达到 98.7%。

四 移民的思想教育和素质提升机制

通过教育和培训，移民在思想上和行动上逐步实现了两个根本性转变：一是从我是一个"移民"到我更是一个"公民"的转变。移民真正做到不以移民身份做出违规违法的事情和提出超政策范围的不合理要求，并以公民的道德规范约束自己的言行。二是从"农民"到"市民"的转变。通过教育培训，改变移民身上固有的陈规陋习，使其适应城市的生产生活，遵守城市的规章制度，融入城市管理。同时，强化技能培训，帮助移民实现就业，并不断提高其就业的水平和质量，使其有稳定的经济收入，移民的生活水平和质量得到明显提高。为了实现上述两个转变，社区党总支和管委会采取专题培训、以会代训、集中培训等形式，定期开展以法律法规、感恩教育、文明习惯、转变就业观念等内容为主的家庭"明白人"专题培训，利用远程教育设备组织党员干部和群众观看先进事迹、科普教育和革命经典影片等。

社区管委会还实施小区文体活动场所建设工程，完善小区文化场所建设，配置方便群众读书、阅报、健身、开展文化娱乐活动的场所。此外，社区管委会还联系楚雄师范学院的大学生每周到小区开展一次一对一的"爱心课堂"帮扶活动，为小区内的中小学生辅导作业和进行爱国主义教育。

第五节 楚雄青山嘴水库移民城镇化安置总结

一 楚雄青山嘴水库移民城镇化安置对移民的影响

1. 楚雄青山嘴水库移民城镇化安置对农村移民生产方式的影响

搬迁前，移民收入主要依靠农业生产和家庭畜牧养殖，少部分移民外出打工。搬迁安置后，移民专心从事第二、三产业，主要从事的工作有保安、保洁、建筑、酒店餐馆服务等。通过以城市楼房为主的安置方式，移民从以农业为主的生产方式转向了非农业的生产方式。不同群体对生产方式转向的适应程度不一样：年龄相对小的劳动力比年龄大的容易适应，文化程度高的移民比文化程度低的容易适应，男性比女性容易适应，等等。

案例：王玉发，高中文化，50岁，搬迁以前当过村委会会计，也外出务过工。在搬到楚雄市以后，做过保安，保安工作是自己通过招聘信息找到的。由于自身文化程度相对较高而且有村干部的工作经历，2010年2月开始到现在他一直在社区管委会兼职做调解员。除此之外，他还在本地法院兼职做人民调解员和自家所住楼房的栋长。一个星期参加调解3~5次。

2. 楚雄青山嘴水库移民城镇化安置对农村移民生活方式的影响

搬迁后移民的生活方式发生了很大的变化，尤其表现在消费方式、闲暇方式、社会交往、宗教生活等方面。①消费方式，主要表现在衣食住行等消费结构和消费水平等方面。搬迁前，移民的消费方式与自然经济的关系比较密切，搬迁后，随着收入的增加，移民的消费方式体现更浓的商品经济气息，消费水平提高，消费结构多样化，但消费压力也同时增加。②闲暇方式，搬迁以前，移民的休息和工作时间缺乏明确的界限，闲暇的方式比较自由，搬迁之后，闲暇方式发生了很大的变化。随着收入的增加，不同群体之间产生很大的差异，已经就业的移民闲暇时间少且相对不自由，而没有就业的移民闲暇时间比较多且更加自由，在社区中聚集闲聊的以老年人和妇女为主。③社会交往，搬迁前移民的社会交往以初级群体为主，与自己的兄弟姊妹和邻居等发生较为频繁的互动，搬迁后移民的交往方式发生了很大的变化，交往范围开始慢慢转向次级群体，如单位的同事等，而和自己的兄弟姊妹交往减少。④宗教生活，搬迁之前，移民在库区从事农业生产的时候，时间自主性强，信教群众（主要是回族）基本都会准时参加宗教活动，搬迁之后，非农就业的工作时间和自由度影响到宗教活动的参与，有的回族移民由于工作方式实行两班倒，12小时一班，因此参加宗教活动的时间变少，只能赶空闲时间参加。

案例：段连金，男，68岁。他觉得搬到小区之后生活方便很多，尤其是看病就医更便捷。小区的基础设施比较齐全，包括健身器材、凉亭、小广场等。小区有专门的老年协会，而且还有左脚舞队，极大地丰富了老年人的日常生活，可以很方便地和新老朋友交往、锻炼身体。小区的绿化卫生和治安工作也做得非常好。社会交往基本还是与原来村里的人交往较多。以前家里有地，自己劳作后在食品方面的开销很少。搬来之后，明显感到支出增大，食品方面也不能自给自足了，不仅要买米买菜，还要付燃气费、水电费等。虽然有养老金补贴，儿女也会资助，但还是觉得消费压力大。不过总体上搬迁后的生活还是比搬迁前好了很多。

3. 楚雄青山嘴水库移民城镇化安置对农村移民收入结构与水平的影响

搬迁后生产方式的变化对移民的收入结构和水平产生了很大的影响。就收入结构来说，搬迁以前移民的收入主要来自农业，包括副业收入、打工收入、商业收入和其他收入等；搬迁以后收入结构有了很大变化，主要以非农业收入为主，如工资性收入、经营性收入、财产性收入和转移性收入等。

与收入结构变化相适应，移民收入水平也大幅提高。据水规总院江河咨询中心对青山嘴水库101户移民的连续跟踪监测评估，2006年移民人均可支配收入是3264元，2007年达到5985元，2009年达到7621元，2010年达到8211元。

表4-1 移民样本户经济收入抽样调查统计表

年份	可支配收入	比上年增加比例（%）
2006	3264	—
2007	5985	83.4
2009	7621	27.3
2010	8211	7.7

4. 楚雄青山嘴水库移民城镇化安置对农村移民心理的影响

移民城镇化安置必然给移民的心理带来很大的影响。这种心理影响具有两面性：一方面是乐观、积极的心理状态。通过搬迁，农村移民到城市生活的梦想变成了现实，他们对城市生活充满了憧憬。调查发现，大部分移民对城镇化安置感到满意。不少移民发自内心地感慨，如果不是由于水库而搬迁，短时间内不可能过上如此幸福的生活。另一方面是对目前生活不适应而产生的怀旧和失衡的心理。城市生活节奏快、消费高，但移民的文化素质偏低，就业不稳定导致收入不高，这在某种程度上增加了其生活压力，使其产生怀旧和失衡的心理。

二 楚雄青山嘴水库移民城镇化安置取得的成绩及原因分析

从目前的移民安置实践来看，青山嘴水库移民安置方式由原来的以农业安置为主转变为以城市楼房安置为主，保障了移民较长时期的基本生活，为移民今后的发展提供了较好的条件，达到了"搬得出、稳得住、能发展、逐步能致富"的移民搬迁安置目标。在探索青山嘴水库移民安置方式的过程中，国家有关部委和云南省委、省政府领导以及专家学者等多次视察或考察青山嘴水库移民安置工作，对青山嘴水库移民城市楼房安置方式给予了积极的肯定和评价。从移民的角度来看，取得的成绩主要表现在以下几个方面。

首先，青山嘴水库移民的生产和生活环境发生了根本性变化。搬迁安置前，大部分移民居住的是土木结构的房屋，交通不便，就医就学条件差，公共设施不完善。搬迁安置后，移民居住的是砖混结构和框架结构的城市楼房，与城里人享有同样的公共设施，如就医就学、交通出行等。

其次，青山嘴水库移民的经济收入比搬迁前有明显提高，移民实现了充分就业。搬迁前，移民收入主要依靠农业生产和家庭畜牧养殖，以及少部分外出打工。搬迁后，由于政府给予移民基本生活补贴，移民基本生活有保障，可专心从事第二、三产业的工作。目前移民劳动力就业率达到96%，基本做到每个移民户有1人就业，保证了移民"失地不失业，失业有保障"，移民经济收入实现跨越式增长。

再次，青山嘴水库移民的安置顺应了城市化进程，为移民的长期发展提供了一个良好的平台和空间。移民进城后在就业、社保、教育、医疗、养老等方面享有与城镇居民同等待遇，这种安置方式缩小了城乡差别，符合城乡统筹发展的要求。

栗子园移民小区共有移民1676户6706人。经过反复调查核实，2013年年底16~60岁的适龄劳动力4310人，其中因残疾、体弱多病、怀孕、处于哺乳期而无法就业的有372人，实有适龄劳动力3938人，现已就业3844人，未就业94人，就业率保持在97%以上，做到了每户都有1人就业。

楚雄市委、市政府高度重视移民就业工作，按照"以就业促发展保稳定"的工作思路，研究制定了"九个一批"确保移民就业的实施方案，即技能培训就业一批、劳动用工输出一批、社区管理服务岗位使用一批、交通城管协勤岗位使用一批、公益性岗位使用一批、龙头企业吸纳一批、创业扶持就业一批、承揽活计吸纳一批、自主创业致富一批。自青山嘴水库移民搬迁以来，已举办"明白人"培训11轮，109场次，16874人次参训；举办计算机、烹饪、保安、物业、缝纫、民用建筑、食用菌、刺绣、园林绿化、经济管理等技能培训16期，1938人次参训，其中612人获得各类职业技能证书；举办移民就业专场招聘会44场，提供各类用工岗位7456个。

据调查，现已就业的3844人中，在楚雄烟厂、医院、商场、超市等企业就业的移民有1526人，年收入在2万元以上；通过扶持农业产业发展，在锦翔公司种植食用菌的有450人，年收入在

2.6万元以上；通过自主创业，开办汽车摩托车维修、小超市、餐饮等的有260人，年收入在3万元以上；在建筑行业、公益岗位上就业的有1507人，年收入在2万元左右；在栗子园小区从事保安、保洁、绿化、水电、市场管理工作的有101人，年收入在1.5万元以上。总之，青山嘴水库移民的就业开始从短期向长期、从汗水型向技能型转变。

最后，移民的社会保障状况得到了很大的改善。①医疗保险，有6573人享受新型农村合作医疗，小病在小区医疗服务站就诊，大病到州、市人民医院就医。②养老保险，州、市财政安排资金300万元，为达到新型农村养老保险条件的移民办理养老保险，目前参保的有3798人，另有610人在就业所在的企事业单位参保。③就学，适龄孩子全部就近入学，幼儿在小区幼儿园，小学生在北城小学南路校区，初中生在师院附中和龙江中学等校区就学，均享受农村教育的各种优惠政策。④社会救助，困难户、五保户、残疾特困户除每月享受365元的生活补助费外，均被纳入为民政、残联的优抚对象，享受国家和地方政府的各种帮扶救助政策。

青山嘴水库移民安置之所以取得上述成绩，主要原因有以下四点。

第一，各级党委和政府的高度重视是做好移民安置工作的关键。

在青山嘴水库移民搬迁安置实施过程中，各级党委、政府及其职能部门分别从所处的位置和角度对移民搬迁安置工作给予了大力支持，这是做好移民安置工作的关键。一是自上而下的政策指导。青山嘴水库移民城镇化安置方式是根据《大中型水利水电工程建设征地补偿和移民安置条例》精神，按照《云南省人民政府办公厅关于印发云南金沙江中游水电开发移民安置补偿补助意见的通知》在水库移民安置工作中采取"多样化安置"的要求，吸收其他地方的经验，在此基础上大胆创新提出来的。二是制定并健全各项安置实施办法，强化领导干部责任制度。为了保证搬迁工作的顺利进行，楚雄各级政府先后出台了《楚雄彝族自治州青山嘴水库工程移民安置管理办法》《移民信访工作暂行办法》

等一系列移民安置实施办法,在青山嘴水库移民安置实施过程中,尤其是在移民搬迁的就业工作中,均实行了楚雄市级领导和各职能部门包保责任制度。在信访工作首问首办责任制中,建立了移民来信来访登记制度和领导信访接待日制度,定期开展信访排查,适时召开移民信访专题会议,协调解决移民集中反映的突出问题。三是转变工作作风,领导干部主动下基层服务。在安置方式的论证过程中,移民部门主动到村组召开座谈会;动迁时,移民部门在库区设立了移民信访接待办公室,搬迁后又在东瓜镇和城区现场设立信访接待办公室。

第二,以移民的意愿和权益作为移民城镇化安置工作的出发点。

青山嘴水库移民城镇化安置工作之所以取得上述成绩,与楚雄各级移民部门尊重移民的安置意愿、维护移民合法权益的工作理念是分不开的。这种理念主要体现在两个方面:其一,处理好政府和移民之间的利益关系,从以往的让移民为国家建设做贡献甚至做牺牲向让移民共享改革发展成果转变。青山嘴水库移民城镇化安置虽然提高了政府的安置成本,但实现了移民安置后生活水平超过原生活水平的目标,既符合科学发展观的精神,也符合十七大以来中央坚持以保障和改善民生作为根本出发点和落脚点的原则。其二,在移民安置手段上从过去依靠行政手段向充分尊重移民意愿转变。青山嘴水库移民安置从开展实物指标调查、确定移民安置方案、确定移民住房户型到兑现移民财产补偿等,都通过座谈会、征求意见会、听证会、公示等方式听取移民意见,使以城市楼房安置为主的移民政策符合客观实际,充分体现广大移民群众的利益需求。

第三,移民城镇化安置方式统筹了城乡发展,实现了城乡互补。

农民向城镇集中,是推进城乡一体化的有效形式。楚雄市城市规划区交通便利,基础设施条件好,就医就学方便,第二、三产业就业机会多,发展空间大。将移民安置在这里不但有利于移民的生存和发展,而且还增加了城镇人口,促进了城市消费需求,加快了城镇化进程,同时,有利于节约土地资源,减少移民安置基础设施建设的投入,实现城市基础设施配套资源共享,让移民和城市居民共享城市建设公共服务和改革发展的成果,缩小了城乡差别。

第四,建立了完备而有效的社区管理体制和工作运行机制。

自2009年7月青山嘴水库移民入住栗子园小区以来,在上级有关部门的重视和支持下,社区党总支和管委会提出以创新社会管理为突破口,努力把小区创建为省级创先争优示范区、移民致富榜样区、文明和谐模范区的目标任务。栗子园小区的社会管理工作得到了各级党委、政府和移民部门的充分肯定,国家发改委、财政部、水利部移民工作联合调研组实地调研后称赞:"青山嘴水库栗子园移民小区是目前国内移民城镇集中安置人数最多的一个小区,是服务设施最齐全的一个小区,是组织管理最为完善的一个小区,是环境最优美、建设最漂亮的一个小区,移民安居乐业,小区和谐稳定。"取得这样成绩的主要原因在于:第一,建立了完备而有效的管理体制和管理队伍,如移民刚搬迁时就成立了社区管委会和党总支,并不断完善一些服务设施,如农贸市场、幼儿园、清真寺等,以及创新治安管理模式。与管理体系相对应,栗子园小区还建立了一支优秀的移民管理队伍,尤其注意充分发挥共产党员的先锋模范带头作用。第二,建立和健全了各项制度,保证了制度的系统性、规范性和公开性。第三,建立了一套行之有效的工作办法和运行机制,如矛盾及时化解机制、典型示范拉动机制和素质教育提升机制等。

三 楚雄青山嘴水库移民城镇化安置存在的主要问题

楚雄青山嘴水库实施的城市楼房安置方式处在城镇化移民安置方式的初步探索和实践阶段,目前还存在以下问题。

1. 政府面临的资金缺口问题

由于楚雄青山嘴水库施工周期长,安置方式也经历过大的调整,而且移民城镇化安置的成本远远超出以农业为主的安置方式,因此资金缺口问题成为青山嘴水库移民城镇化安置实施过程中遇到的最大问题。青山嘴水库移民安置总投资高于国家审定的移民规划投资,达到75839.19万元,比国家审定初设投资的

45224.77万元增加30614.42万元。

青山嘴水库移民城镇化安置带来资金压力，其原因主要如下。首先，按照现有的安置政策和法规，有些项目无法列入国家审定的规划投资报告，如淹没线以上剩余资源补偿费、移民过渡期生活补助费、移民搬迁奖励等。其次，城镇化移民安置的高成本必然扩大移民安置投资规模，而目前国家的城镇化移民安置政策对部分资金来源缺乏明确的界定。根据楚雄的移民安置政策，栗子园小区移民长期生活补助费的来源主要是水库淹没土地补偿补助费、青山嘴水库收益与州和市两级财政。根据移民规划报告计算，土地补偿补助费为13709.92万元，按移民人口基数6682人、每人每月250元的标准计发，补助费仅够支付6.8年，还差13年的资金。2012年又提高了移民生活补助费标准，由每人每月250元提高到300元，并按5%逐年递增。移民长期生活补助费的发放具有时间长、人数多、数额大等特点，州、市政府的财政压力大，一旦不能及时兑现，就会影响移民的长期稳定和发展。最后，城镇化安置方式的探索处在初级阶段，新情况、新问题层出不穷，必然会加大投资规模。

2. 农村移民全面融入城市生活的问题

移民作为社会人而存在，因此在其社会化过程中被赋予了较多的社会特征，移民城镇化安置的过程是对这些特征的重新建构，也是农民变市民的过程。这不仅表现在移民就业上，还表现在移民生活方式和观念的转变上。根据目前的调查情况，楚雄青山嘴水库移民在全面融入城市生活的过程中仍存在一些问题，如就业的不稳定性和低收入性、生活方式的不适应性等在年龄偏大或文化程度低的移民身上将持续较长一段时间，其融入城市生活有一个较长的过程。具体来说，存在的问题包括生计方式和生活方式等方面的转型。

（1）生计方式转型存在的问题

搬迁之前，移民大多依托土地从事种植业和养殖业，有少部分青壮年外出务工。离开土地后，移民就离开了原本赖以生存的资料。尽管安置补偿及扶持补助费在一定程度上解决了移民基本生活的后顾之忧，但还是需要尽快寻找并落实新的生产方式以提升移民的生活品质，使其全面融入城镇。进入城镇生活，意味着移民需要在第二、三产业谋生。移民劳动力作为生产主体，可基于自身生产能力的不同而建立不同的生产关系。根据年龄、性格、性别、受教育程度、经历和文化背景等，移民应在政策框架内参与并享受就业帮扶，以有效率地完成生产方式转型。

一般而言，为减弱项目对移民的负面影响及规避潜在的致贫风险，地方政府与项目业主有帮助移民就业的责任与义务，可以通过提供技能培训、拓宽就业渠道和鼓励创业等方式切实帮扶移民就业。青山嘴水库移民安置政策明确了促进移民生产方式转型的四种方式：一是通过技能培训推动劳务输出，二是以社区为中心创造就业岗位，三是基于地方产业发展的需要提供就业机会，四是鼓励移民自办企业、集体创业。

（2）生活方式转型存在的问题

进入城镇社区，尤其是居住在"高密度"的城镇楼房之中，移民需要面对的生活方式转型涉及衣、食、住、行、教育、医疗、娱乐、社会交往、宗教事务等物质和精神生活各层面。在物质层面，移民搬入了新建的城镇社区，从社区配套设施和周边环境上说，硬件条件水平较搬迁前有了显著提升。然而，移民原有的自给自足或半自给自足的家庭生活方式被纯消费生活方式所取代，移民生活所需的资料都必须在家庭以外获得。移民在进城之后进入了商品化的社会，生活必需品都需要在市场购买，移民生产的产品及移民自身作为劳动力资源也需要进入市场才能得以交易。面对市场中隐藏的风险，人力资本及社会资本薄弱的移民往往难以应对，大多只能从事劳动强度大且收入偏低的工作，甚至有相当一部分移民不能顺利就业，导致家庭丧失劳动收入。从这个角度来说，进入城镇后的生活成本加重了移民的生活负担。

在精神层面，人在相对稳定的环境中容易产生安全感并建立应对环境改变的信心与能力。但在迁移过程中，大部分移民经历了资源与环境的巨大变化，原有生产和生活方式、经济结构、社交网络、传统习俗均被打破。移民，尤其是少数民族移民和老年移民，在精神上的安全诉求被激发——其原有的文化、行为规范难以解释新环境中的事物，通常容易造成"社会失范"。面对陌生的城市环境，移民日常生活中缺少了可行的规范准则，容易带来思想上的波动。

与农业安置方式相比，城镇化安置几乎完全打破了农村水库移民原本的生活方式，具体体现在消费、交往、闲暇生活、宗教生活等方面。在生活方式的转型过程中，倘若移民不能主动地去适应，则必然会出现一些问题：消费方式转型可能引发的问题主要体现在，原有与自然经济相适应的消费方式不能很好地与商品经济相衔接，生活成本增加，消费支出增多，生活压力增大；交往方式转型可能引发的问题主要体现在，部分移民无法很好地适应城镇交往的多样性和异质性，从而导致其交往对象局限于原有的熟人或朋友，不能与城市居民进行良好的交往融合；闲暇生活方式转型可能引发的问题主要体现在，部分移民无法很好地适应城镇闲暇生活方式的多样化与自由度，从而无法在城市生活中实现自我认同或获得归属感。

3. 移民身份转型存在的困境

根据《青山嘴移民安置规划实施报告》，由于移民享有的20年生活补助与后扶补助资金在现阶段是高于楚雄市城镇居民最低生活保障的。因此，补助期满后，确实有生活困难的移民可申请城镇居民最低生活保障；移民可以自行选择享受城镇医疗保险或农村新型合作医疗保险；符合条件的移民加入社会养老保险体系。这从侧面默认了移民的"城镇居民"身份。

4. 目前移民城镇化安置中的社会管理还缺乏可借鉴的经验

在市场经济条件下，移民的利益诉求增大，移民群体出现"不闹不解决，小闹小解决，大闹大解决"的心态。如青山嘴水库至今还有部分人由于不符合移民政策规定，不能享受移民待遇，虽多次对其做工作，但这部分人为了争取移民身份一直在重复上访或缠访。在这种压力下，水库移民城镇化集中安置必然会给地方政府带来不少影响社会稳定的风险。加之移民居住非常集中，任何安置遗留问题若解决不及时都可能成为引发群体性事件的导火索。

四 楚雄青山嘴水库移民城镇化安置的保障措施及完善建议

1. 多渠道促进移民就业

通过技能培训、职业教育、产业扶持、移民创业扶持、劳务输出、提供公益性商业等多种措施,多渠道、多形式地促进移民就业,提高移民的就业水平和质量,增加移民收入。

2. 深化移民教育

采取多种形式加强对移民的教育,如法制教育、文明教育、公德教育、科普教育、感恩教育等,提高移民综合素质,转变移民观念和身份,促进移民全面融入城市生活。

3. 加强移民社区管理

移民安置所在地区的政府相关部门要加强组织管理,重视移民参与,指导移民建立符合城镇运转规律的社区管理机构和居民自组织,妥善协调和处理好移民间的利益冲突,切实维护移民权益;健全移民社区治理和移民参与决策机制,完善集体事务一事一议制度,实现集体财产保值增值;加强服务提供,促进移民上岗就业;完善社区管理,推进社区事业良性发展。

4. 注重农转居移民的居民化

城镇是人口与非农业产业发展和集聚的产物,城镇的发展,不仅要有非农产业的发展,也要有移民居民化的发展。所谓移民居民化,是指农村移民逐步转化为城镇居民的过程。其具体内容主要包括居住地的变化,农村的组织形态向城镇的组织形态转化,农民的思想观念、生活方式、行为方式向城镇居民的思想观念、生活方式、行为方式转化。通过这些转化,移民才能成为真正意义上的居民,这也是移民逐步适应城镇化安置的过程。而要实现这个转变,不仅需要移民自身有意识地主动适应居民思想意识和生产方式,也需要全社会营造移民实现农转居转变的良好氛围,如管理部门的介入、NGO的参与、社区的帮扶以及完善的社会管理机制和公共服务体制的运转等。

第五章
水库移民城镇化安置经验与问题识别

第一节 国内水库移民城镇化安置的经验

一 区域经济发展的水平和模式是水库移民城镇化安置选择的基础

城镇发展必须以一定的区域经济发展来支撑,而区域经济发展必须依靠产业来支撑。第二、三产业与城镇化良性互动,是现代经济社会发展的显著特征。第二、三产业是城镇化的经济支撑,城镇化是第二、三产业的空间依托,推动第二、三产业与城镇化良性互动,相互促进,既是为第二、三产业发展创造条件,也是城镇化发展的内在规律。实践表明,把水库移民安置到城镇,如果城镇化发展能与城镇的第二、三产业发展有机结合,就能很快实现并超过原来的目标;如果城镇化没有产业支撑或不能与第二、三产业有机结合,移民就不能顺利得到发展。如飞来峡库区地处经济发达的广东省,水库距广州仅100公里,紧靠珠江三角洲,处于改革开放的前沿阵地,经济发展速度快,市场经济发育程度高,劳务市场需求量大,有利于库区富余劳动力的转移和非农化就业。

二 水库移民对城镇化安置方式的理性选择

移民对安置方式的客观需求和主观选择是移民城镇化安置得

以实施的重要因素。近年来，随着市场经济信息的日益丰富，社会要素流动性加强，农民增收致富的途径越来越多，移民的经济理性在移民安置过程中逐渐显现，越来越多的农村移民倾向于选择收入高、经济来源稳定的城镇化安置方式，移民对此种安置方式表现为主动地选择，而不是完全被动地接受。而且移民城镇化安置方式的选择与移民自身的客观条件密切相关，如移民的文化素质、移民的年龄和移民的从业经历。一般来讲，文化素质较高、年龄偏小和有外出务工经历的移民比较适合于选择城镇化安置方式。

三 城乡之间的各种政策统筹和各相关部门的齐心协力参与

政策支持是实施移民城镇化安置的先决条件。移民安置作为政府行为，要求以国家和地方政策作为移民工作开展的依据，在一定的法律框架和政策背景下进行。《大中型水利水电工程建设征地补偿和移民安置条例》规定："对农村移民安置进行规划，应当坚持以农业生产安置为主，遵循因地制宜、有利生产、方便生活、保护生态的原则，合理规划农村移民安置点；有条件的地方，可以结合小城镇建设进行。"这为大中型水库实行移民城镇化安置提供了有力的依据。

推行移民城镇化安置模式必须以城乡政策的有效衔接为基础。城乡之间的政策衔接主要包括以下几个方面：①户籍制度的衔接。在目前移民城镇化安置实践中，由于户籍的二元限制，教育、医疗、养老等制度均对移民进城设置了种种障碍，移民权益得不到相应保障，从而容易影响移民城镇化安置的效果。②就业制度的衔接。一方面，政府应积极为实行城镇化安置的移民提供培训和就业机会；另一方面，政府应加强对移民的职业资格鉴定，为移民进城就业提供制度上的便利。③社会保障制度的衔接。实现城乡医疗保障、养老保障和最低生活保障等制度的衔接。④土地制度的衔接。在水库移民城镇化安置方式的实践中，一般将原村庄用地（建设用地）全部转为农用地，并用原村庄建设用地置换城镇范围内移民安置项目建设用地，这就涉及城乡土地性质如何衔接和转换。

水库移民活动是一个复杂的系统工程，涉及政府各个职能部门。在目前城乡统筹的背景下，市场经济体制改革使移民发生的最大变化就是需求的多样化和经济利益的分化，因此移民城镇化安置模式需要更加科学、合理、可持续的移民管理和高效的组织保障体制。在目前的移民城镇化安置工作实践中，安置工作的有效开展需要有关部门，如人力资源和社会保障部门、卫生部门、国土部门、公安部门、计生部门、建设部门等的大力支持和配合，因此，地方政府一般都成立一个由政府主管领导牵头、上述各有关部门参与的工作协调机构，协调机构的办公室设在移民部门，以保证移民城镇化安置工作的顺利和有序推进。

四　建立有效的城市社区管理体制和工作机制

有效的社区管理体制和工作机制的建立是实现移民城镇化安置的重要保证。移民搬迁之前，农村社区主要由村党支部和村委会进行管理，农村社区的管理更多是采取自治的方式而非行政的方式。移民搬迁之后，移民社区的管理一般被纳入城市的管理体制，采取居委会或管委会的方式。

五　可持续的移民城镇化生计模式

20世纪80年代末，世界环境与发展委员会首先提出了"可持续生计"（Sustainable Livelihoods）的概念，在其报告中指出，"可持续生计"是指个人或家庭为改善长远的生活状况所拥有和获得的谋生能力、资产和有收入的活动。其中，资产包括金融财产以及个人的知识、技能、社会关系等方面。1992年，联合国环境与发展大会将"可持续生计"概念引入行动议程，并主张把稳定的生计作为消除贫困的主要目标。1995年哥本哈根社会发展世界峰会和北京第四次世界妇女大会进一步强调了可持续生计对于减贫政策和发展计划的意义。

就水库移民城镇化安置的可持续生计而言，其主要呈现以下特点：第一是延续性，即不仅家庭现有的劳动力能够有可持续性的生计，而且其子女后代的生计也具有可持续性。在此基础上，张蕾提出了"代际可持续生计"的概念，即代际的生活状况改善，且代际谋生活动的有效性更强，拥有更强的能力和更多可利用的资产，有更高的运用效率。第二是发展性。可持续生计应随着社会生活水平的提高而逐渐提高，发展是可持续生计的根本。笔者认为，发展性还应包含另一层意思，即效益共享，共同享受社会经济发展的成果。第三是公平性。可持续生计应该建立在个体享有平等的权利的基础上，不存在政策偏向与歧视。第四是层次性。可持续生计不仅表现在家庭层面，而且表现在社区层面和个体层面。第五是干预性与自发性。可持续生计的构建仅靠个体和家庭的力量是难以完成的，它需要政府的干预和个体发挥主观能动性。

第二节　国内水库移民城镇化安置存在问题的识别

一　移民生计方式改变带来的问题

与以农业为主的移民安置方式不同，城镇化安置方式的实施使得移民搬迁前后的生计方式发生根本性的变化。移民在搬迁之前的生计方式主要与农业和农村的资源类型紧密地结合在一起，其从业方式以农业为主，只有部分中青年人长期外出务工。实行城镇化安置必然会彻底改变移民原来的生计方式，即从以农业为主的方式转向以非农业为主的方式。但生计方式的转变是一个长期的适应过程，根据已有的实践来看，实施城镇化安置移民的生计方式的转变面临以下问题。①部分移民就业难度大。在水库移民城镇化安置的实践中，年龄偏大、文化程度偏低、女性移民的就业难度相对较大。那些年龄偏大的移民在农村生活中，仍能从事一些家庭农业生产活动，一直干到自己体力不能支撑为止；而迁到城镇后，大多用人单位对年龄有一定的要求，这部分人很难找到工作。②移民就业的不稳定性和非正规性。由于总体文化素质比较低，移民进入城镇后很难找到相对比较稳定的就业岗位，有相当部分移民从事家政行业或在建筑工地打零工，很多移民没有与用人单位签订劳动合同，随时可能被解雇。③与城市居民相比，移民就业的收入相对较低。由于文化素质较低，移民就业岗位技术含量相对较低，其收入也相对比较低，这容易导致相对剥夺现象的出现，使移民难以真正地融入城市生活。

二 移民生活方式改变带来的问题

与农业生产安置方式相比，城镇化安置完全打破了移民原来的生活方式，这在消费、闲暇、交往、宗教生活等方面都有所体现。在这个转变过程中，如果移民自身不能主动地去适应，必然会导致一些问题的出现。消费生活方式变化带来的问题主要体现在原来与自然经济相适应的消费方式如何与商品经济相衔接，这主要表现为生活成本增大，消费支出增加，生活压力增大；闲暇生活方式变化带来的问题主要是，城镇生活闲暇方式具有多样性和自由度，而部分移民在城市生活中没有找到自我认同和归属感；交往生活方式变化带来的问题主要是，城市交往具有多样性和异质性，而部分移民的社会交往仍局限于原来的熟人或朋友，没有与城市居民很好地融合。

三 移民城镇化安置中农村宅基地和城市有偿产权之间的矛盾

宅基地使用权主要存在于农村，宅基地是广大农民最基本的生活资料。宅基地使用权的取得，是基于集体经济组织的分配，而不是通过交易行为以支付货币的方式获得。农村宅基地具有很明显的社会福利性质。尽管在有些地区，取得宅基地使用权要支付一定的费用，但目前我国有关法律尚未明确规定实行有偿使用。按照有关制度规定，村民取得宅基地使用权是无偿的。农民能够无偿取得宅基地使用权，获得基本的生活条件，这也是与城市居民相比较，农村居民享有的最低限度的福利。同时，宅基地使用权是无期限的。宅基地使用人有权在依法取得的宅基地上建造房屋、厕所、拱棚等建筑物，并对建筑物享有所有权，依建筑物所有权而长期、永久地使用宅基地。即使地上附着物消失后，房屋所有权人也可以翻建、改建、扩建房屋。农村宅基地使用的获取无偿性和无期限性的特征与城市房屋产权的获得有偿性、有期限性产生了矛盾。

四 移民思想观念转变中的心理问题

与自愿性移民相比，水库移民最主要的特征是其被迫迁移性。恰恰是这种被迫迁移性，导致非自愿性移民在缺乏理性认知的准备下，其生产生活方式、居住环境、社会文化等均发生了深刻的变化，这不仅仅表现为居住环境的改变，也伴随与原有社会角色相关联的社会关系等的改变，这些突如其来的变化给非自愿性移民的社会适应带来层层壁垒。在各种适应中，心理适应往往是关系目标主体认同感、归属感、幸福感的重要适应性指标。水库移民在城镇化安置中容易产生以下几种心理问题。抗拒心理，"是一种与国家移民安置政策相对立、相抵触的心理状态"，这种心理状态很容易作为导火索引发集体行为；攀比心理，在移民搬迁的过程当中，移民损失和得到的东西都比较多，这容易造成移民在主观设定的一条标准线上进行比较，产生被剥夺感；失衡心理，移民因同政策制定者或实际工作者的要求在认识上存在差距，表现出对国家相应政策法规的不认同，产生被剥夺感。

五 移民城镇化安置中存在的社会融合问题

城镇化安置使移民的生计方式和生活方式都有较大的改变，打乱了移民原来的社会结构，令社会群体、社会组织、人际关系分散，使传统的亲疏关系和互帮互助的社会体系以及相处融洽的初级社会关系网破损。由于社会解体而导致的社会成本的损失常常在水库建设项目中没有得到考虑，移民也没有获得赔偿，而这种实际的损失会对移民产生长远的影响。因此有专家指出，移民付出的代价已经远远超过了"纯粹的金钱成本"，所有代价中最大的是原来熟悉环境中的人际关系疏远，要到一个陌生环境去面对新的社会经济的不确定性。

移民城镇化安置中存在的社会整合问题主要表现在两个方面。一是移民与移民之间的社会融合问题。移民城镇化安置方式的实施会打破原来的初级社会网络结构，如楚雄青山嘴水库在分配移民住房时打破了原来的邻里关系，这虽然扩大了移民的社会网络，但也会带来一些不适应的问题，因此如何实现移民之间的社会融合是城镇化安置中一个需要考虑的问题。二是移民和城镇原居民之间的社会融合问题。新的城镇环境对于农村移民来说是陌生的，而移民在安置区城镇原居民的意识中也是陌生的，从陌生到熟识需要农村移民和城镇原居民之间进行社会整合，移民需要在找到自我认同和归属感的同时融入城市社会，完成新社区的社会整合。如果融合不好，农村移民在城市生活中会被边缘化，即经济能力降低和向较低的社会地位流动。

在百色移民城镇化安置过程中，对新转入城镇生活的移民本应给予城镇居民同等待遇，但受传统观念的影响，没能使已转为城镇户口的移民享有与城镇原居民同等的待遇，移民被人为地安置在新镇的周边地带。在地基安排上，城镇原居民占据了新镇址中好的地段，而移民则被排除在外。移民没有能力或机会及时投入第二、三产业，成为没有土地、没有经商技能、没有生活来源的"三无"人员，被边缘化，成为游离于城镇与农村之间的"边缘人"，成为城镇化发展过程中出现的新"饥民"。因此，必须将移民安置纳入城镇化建设轨道，让他们能够享有与城镇居民同等的权利和机会，只有这样，移民才能走上可持续发展的道路。

六 移民群体高度集中后带来的社会稳定问题

社会稳定是移民安置工作中首先要面对的问题，也是最不容易控制的因素。尤其是采取城镇化方式安置移民后，移民的高度集中更容易带来社会稳定的风险。不稳定因素通常来源于移民对安置政策的不满、一些突发性事件以及移民安置遗留问题。移民安置过程中任何环节出现问题，都有可能演化为不稳定事件的导火索。水库移民城镇化安置使得移民高度集中，被少数人利用而引发群体性事件并导致社会不稳定的现象时有发生。

七 移民进入城市后的二元户籍以及社会保障问题

我国在计划经济时期将户口分为农业户口和非农业户口，尽管目前随着城乡一体化改革的不断深入，城乡基本公共服务的不均等差异正在逐渐缩小，但就总体而言，仍有多项公民权利与福利是与户籍性质挂钩的。据调查，目前与户籍挂钩的个人权利与公共福利有 20 余项，涉及政治权利、教育权利、就业权利、社会保障、生育等方面，以及义务兵退役安置政策和标准、交通事故人身损害赔偿等。移民由农村进入城市社区后，丧失并远离了可耕作的土地，在安置政策层面上"享有城镇居民同等待遇"。然而，国务院在《关于完善大中型水库移民后期扶持政策的意见》中明确"后期扶持范围为大中型水库的农村移民"，并且"转为非农业户口的农村移民不再纳入后期扶持范围"。因此，考虑到后期扶持的资金与力度等因素，安置于城市社区的移民的户籍一般未调整为城镇户籍，是处于人户分离状态的。实际上，移民在安置后仅在"一定程度上"进入了城镇的社会权利与社会福利体系，只是在居住环境与居住条件方面实现了"城镇化"。

我国目前已经建立一套适度普惠型的社会福利制度。但由于长期以来实行的以户籍制度为基础的城乡二元结构，社会保障制度是以户籍制度为基础建立起来的，因此呈现明显的二元性。这不仅表现在保障的标准上，还体现在社会保障体系的构成等方面。农村移民进入城镇生活后，由于受一些移民政策或福利的影响，其户籍没有迁入城镇，因此移民无法享有城镇居民的社会保障。

八 移民城镇化安置后的社会管理问题

目前水库移民城镇化安置的社会管理，尤其是集中安置区的社会管理存在一系列问题。这不仅体现在社会管理的事项方面，还体现在社区管理的体制机制方面。城镇化安置后的移民在社会管理和社会服务方面产生了许多新的需求，如环境卫生、公共设施等，这些都对农村原有的社会管理体制机制提出了新的挑战。移民前的社区基本都是通过村委会以自治的方式进行管理，移民进入城镇后，移民社区的管理体制和运行机制就必须与城镇社区的管理体制和运行机制相衔接，但由于目前缺乏相关的政策作为指导，在衔接中容易出现问题。

第三节　水库移民城镇化安置的创新方向

一是要跟当地的资源优势相结合。城镇发展必须以一定的产业发展来支撑，离开产业发展，城镇建设就成了无源之水、无本之木。一些地方的移民城镇化安置与产业发展结合得好，移民的生产和生活条件得到很大改善，城镇建设也呈现一派繁荣的景象；一些地方的移民城镇化安置，仅仅是就城镇建设抓城镇建设，缺乏产业支撑，发展后劲不足，移民的生产和生活条件得不到改善，城镇建设随着移民安置任务的完成慢慢呈现衰落的景象。鉴于此，水库移民城镇化安置在具体操作中采取的方式，一定要与当地的资源优势相结合，把资源优势转化为产业优势，才能真正实现移民安置的目标。

二是要与移民自身的意愿和实际相结合。首先，要与移民的生产生活方式相结合。不同地区实现城乡统筹的方式是不同的；不同民族居住的地区，采取城乡统筹的方式也是有差异的。其次，要与移民自身的文化素质相结合。对于文化素质相对较高、思想观念较为开放的移民，可以通过培训就业和创业来转移劳动力；而对于文化素质较低的移民，则宜通过社会保障等方式来安置。总之，无论选择何种方式实现移民城镇化安置，一定要与移民自身的实际相结合，尊重移民的意愿，才能确保社会的稳定，实现移民的安居乐业。

三是要与各级地方政府目前关于城乡统筹的相关制度相衔接。近年来在中央政策的指导下，各级地方政府出台了一系列城乡统筹的政策和措施。移民城镇化安置方式的选择要放在地区经济社会发展的格局中，通过与各级地方政府的制度相衔接解决移民的生产生活问题，实现移民安置区的城乡统筹发展。当然，根据各地移民安置的实际情况，各级地方政府的有关部门也要进一步健全相关的体制和制度，以保障移民的生产和生活。

第六章
水库移民城镇化安置要素与分析框架

第一节 水库移民生产生活需求要素识别与实现路径

一 水库移民生产生活需求要素识别

1. 人的基本需求

作为一种生物,人生存的前提是基本需求能够得到满足。一方面,与其他生物相似,人有基本的空气、食物、水以及安全的自然环境等需求;另一方面,作为与其他生物相区别的社会性的高级生物,人还有社交、激励、自我奋斗和自我实现等更为高级的需求。

学者对人的需求的研究较多。其中,马斯洛的需求层次理论是对人的基本需求的一个较为深入的阐述。按照马斯洛的需求层次理论,人的需求共分为五种,分别为生理需求、安全需求、爱和归属感需求、尊重需求和自我实现需求。在提出需求理论后不久,马斯洛又在此基础上补充了自我超越需求。生理需求作为人必备的需求,主要包括对食物、水、空气等一些能够保障基本生存要素的需要;安全需求是对人身安全、生活稳定以及免遭痛苦、威胁或疾病等的基本需要。生理需求和安全需求是人的最低层次的需求。随着基本生理、安全需求的满足,人逐步对友谊、爱情等社交提出了需求。这种需求是一种高于生理和安全的需求。在此基础上，作为社会人，成就、名声、地位和晋升机会，以及潜能发挥和自我实现等更高层次的尊重需求和自我实现需求被提出来，并被人所努力实现。按照马斯洛的需求层次理论，人的需求是分为不同层次的，当低层次的需求得到满足后，才会有高层次需求。

2. *移民生产生活基本需求要素识别*

水库移民是因水库建设而丧失土地、房屋等财产，并在外力帮助下获得生产生活系统重建的特殊性群体。在水库修建前，水库移民都是安于生产的普通人。水库修建时，其生产生活所依赖的土地、房屋、社会关系网络、集体资产权益等随着征收等行为而丧失。待水库修建后，受益于国家补偿补助政策，水库移民重新获得了住房、土地，或者生产所依赖的相应资产和谋生手段，同时，还获得相应的外部支持网络。在"丧失—获得"的过程中，水库移民的基本生活需求要素是大体相同的。总体上，水库移民的基本生产生活需求主要包含以下几个方面。

(1) 基本生存要素的需求

基本生存要素需求是指人对清洁的空气、水源以及食物等的需求。它与马斯洛的需求层次理论中的生理需求是相对应的。

(2) 居住的需求

居住空间和居住场所是人的基本需求中的一个要素。优良的居住场所和居住空间不仅可以为水库移民提供遮风避雨的场所，而且还为维系家庭成员感情以及简单的家庭生产提供空间。同时，居住空间的美化可以让移民感觉到一种优于其他群体的优越感。因此，居住需求是一个较为基础而又不可缺少的要素。

居住是居住空间和居住场所的集合。对于农村移民而言，居住空间是指其居住房屋所占有的空间，一般指其能够使用的宅基地；居住场所是指居住的房屋。对于城镇移民而言，宅基地和房屋两个要素在一般情况下是集合在一起的（即通常所说的产权房屋）。

(3) 基本生产资料的需求

生产不仅是人们对基本生活所需的食物等物质需求的来源路径，而且还满足人们的劳动、就业等需求。对于农村移民而言，从事生产活动不仅需要生产技能和工具，更为重要的是还需要生产资料——土地。可耕种的土地资源是移民赖以生存的关键。而对于进入城镇的移民而言，拥有较为熟练的生产技能和生产资本，则是其从事生产（就业）的必备条件。

（4）身份归属的需求

受二元户籍制度影响，农村移民和城镇移民的身份是不同的。拥有农村户籍的移民不可以享受城镇的社会服务和社会保障。同样，拥有城镇户籍的移民也不可以享受农村移民集体资产分红等社会服务和福利政策。不同的身份意味着不同的归属。但不管何种身份，归属感都是移民识别自身身份、获得自我认同的必需要素。

（5）教育与再教育资源的需求

从发展角度而言，无论是农村移民，还是城镇移民，其生产和生活的轨迹都是不断向前的。而保障生产和生活不断向前、不断进步的驱动力则是教育。对于处于受教育年龄的移民而言，能够接受其想要接受的教育服务是其基本需求。而对于处于劳动年龄阶段的移民而言，再教育资源的获取对于其改进生产方式、提高生产效率具有重要意义。

（6）社会保障资源的需求

社会保障服务是一个国家迈入现代文明的重要标志。国家为公民提供社会保障服务，以保障其规避一定的社会风险。现阶段，随着我国经济社会的日益发展，无论是农村社会，还是城镇社会，都已经得到社会保障制度较好的覆盖。但由于二元户籍制度的存在，农村社会保障和城镇社会保障在保障水平、保障能力和管理方式等方面存有一定的差异。

（7）社区管理与服务的需求

无论对农村居民而言，还是对城镇居民而言，社区都是秩序管理的代名词，同时也是提供各种社会服务的承载体。随着新农村建设以及新型城镇化建设战略的提出，农村集体组织成为新农村建设和服务的承载体，而城镇社区则是城镇居民社会管理和社会服务的具体承担方。对于社区管理和服务，无论是农村居民，还是城镇居民，都有着较强的需求。

社区管理是人口管理、安全管理、信息管理、公共资源管理等的集合，而社区服务则是人口服务、教育服务、医疗服务、卫生服务等的集合。从形式和内容上来看，农村集体的社区管理和服务是有别于城镇的。

二 水库移民生产生活需求要素实现路径

1. 基本生存要素需求的实现路径

水库移民基本生存需求本质上是对空气、水等基本生存物质的需求，但从社会发展视角来看，不是简单地对大气和水源等物质本身的需求，而是对安全的空气质量、清洁的供水设施和水量等的需求。在水库移民安置过程中，供水需求主要是通过供水设施和供水量保障来实现的。对于未搬迁进城镇的农村移民而言，其可能仍利用水塘、河流来满足其对水的需求。

2. 居住需求的实现路径

对于农村移民，其居住主要利用农村集体经济组织提供的宅基地，同时利用自身积累建造房屋来实现居住需求。而城镇居民的居住则需要通过市场方式解决。就居住设施本身而言，居住功能的实现，还需要供电、供水等基本的生活配套设施。

3. 基本生产资料需求的实现路径

生产是满足基本需求的一个重要路径。对于农村移民而言，基本生产资料意味着要有适合耕种的土地或较为丰茂的草场资源，以及生产工具。对于城镇移民而言，则需要较为合适的就业岗位，同时，还要通过技能培训或者学历教育为其适应相应岗位提供辅助帮助。

4. 身份归属需求的实现路径

拥有合法合理的身份是移民接受政府或社会扶助的一个重要前提。在二元社会，农村居民和城镇居民的隔阂较为明显。随着国家户籍制度的改革，这种隔阂虽不断缩小，但依附于户籍的身份归属仍比较明显。赋予农民相应的户籍权益是农民身份归属需求得到满足的基本前提。

5. 教育资源需求的实现路径

通常意义上讲，教育是基础教育、中等教育和高等教育的总称。教育与再教育是移民及其家庭实现可持续发展的重要驱动力。接受教育和再教育既是移民的权益，同时也是移民的责任。教育资源的提供与户籍制度紧密挂钩。拥有何种户籍，即意味着移民可以在何种地区接受何种教育。但对于再教育而言，户籍制度的束缚力显得不那么大。

6. 社会保障资源需求的实现路径

社会保障是社会保险、社会救助、社会优抚和社会福利的总称。社会优抚是针对军烈属制定的一项特殊性优抚制度。社会救助是在国民遭受风险或灾害时，国家无偿提供救助的一项制度，无论是城镇居民还是农村居民都可以享受。最低生活保障是社会救助中的一项重要制度。无论在农村还是城镇，社会救助制度都已经普及。基于此，本处的社会保障重点关注社会保险和社会福利。在国家普及性社会保障制度框架内，户籍性质不同的居民享受不同体制内的社会保险和社会福利政策。

7. 社区管理与服务需求的实现路径

社区管理与服务需求是依托社区实现的。对于农村居民而言，村集体即其依赖的社区。虽然这种社区提供的社会管理和服务功能并不齐备，但基本社会成员之间的关系处理等功能还是存在的。同时，社会保障、供水等服务也在一些村集体出现。而城镇社区的管理与服务则相对比较齐备。在城镇社区中，社区成员可以依托社区文化、娱乐、医疗、保健等设施，实现其对社区服务的需求。

第二节 水库移民城镇化安置要素演变路径

为了较为直接地阐述水库移民城镇化安置后其基本生产生活要素的变化状况，以下将在前面基本生存、居住等要素的基础上，做进一步细分。

一 基本生存要素

基本生存要素中，空气等自然生成且不因农村和城镇迁移而出现颠覆性改变的要素将不在此讨论。本处讨论的基本生存要素主要为利用形式或依赖形式受安置方式变化而出现改变的供水、用电、道路交通、医疗卫生、文化教育等要素。

1. 供水

由于地处较为偏远的地区，农村水库移民供水水源主要为池塘水、河水、井水等。随着经济条件的不断改善，部分农村地区出现了水塔式集中供水。但大部分集中供水没有按照国家标准进行净化，同时，水量也无法保证，没有实现 24 小时供水。而城镇化移民，由于较好的基础设施条件，已基本享受 24 小时供应且水质达标的自来水供水服务。农村移民城镇化安置以后，池塘水、井水、河水等较为传统的供水方式将得到彻底改变，他们享受的将是较为便捷的自来水服务。但这种变化要以缴费为前提。

2. 用电

从国家发展视角来看，我国已基本实现了所有地区通电的目标。虽然在个别偏远地区，可能存在供电不稳定状态，但无论是偏远的山区，还是较为靠近城镇的农村，其居民都已经享受到较好的供电服务。因此，从这个视角来看，农村移民进城安置后，其用电服务将没有较大的改变。

3. 道路交通

道路交通是道路和交通的集合。在修建水库的偏远山区，道路和交通状况是比较恶劣的。一些水库移民原住地甚至没有严格意义上的出行道路。如怒江沿岸的一些少数民族移民，仍将久远的茶马古道当作出行道路使用。但目前我国大部分农村地区已修建出行道路，且部分道路实现了硬化，居民出行相对比较便捷。道路现状决定了交通状况，农村地区的出行道路仍无法同城镇的相比。同时，从交通方式来看，农村居民的出行工具主要为摩托车，部分开通公交线路的农村地区虽有公交车，但公交车的班次较少，出行时间也受到限制。而城镇的公共交通则相对便捷，城镇居民的出行工具主要为公交车，部分地区的城镇居民还可以选择地铁、城市轻轨，出行时间不受限制。农村移民城镇化安置后，其出行道路的状况和交通工具的使用将得到改善。

4. 医疗卫生

城乡医疗卫生条件的差异较为明显。农村地区的医疗条件相对较差，一些水库移民聚居地区没有符合医疗规范的医疗场所和医疗设施，这些地区的移民生病后大多进入城镇医治。虽然部分农村地区建立了卫生所，并聘用了医生，但农村地区的医疗条件仍相对落后。而城镇则建立了较高等级的医院，医生和医疗服务等好于农村地区。移民进城后，其医疗条件将得到较大的改善。

5. 文化教育

教育是改变劳动力素质的一个重要手段。不可否认，同城镇相比，农村地区的教育资源稀缺，教育质量偏低。而城镇的师资以及教育硬件等资源的优势较为明显。农村移民进入城镇后，其教育水平将得到较大的提高。

文化娱乐是依托社区进行的。随着新农村建设的逐步开展，农村地区新建了文化室等设施，文化条件得到了较大的改善。但这种改善是从零开始的，与城镇的文化娱乐条件相比不可同日而语。农村移民进城后，其文化娱乐生活将变得丰富。

二 居住条件

农村居民的居住条件随着家庭经济条件的改善而不断改善。由于社会经济不断发展，农村居民家庭的经济收入不断增多，除了较为偏远地区的农村居民的居住房屋设施仍然十分落后，大部分农村地区居民的居住房屋得到了很大改善，砖混和砖瓦结构房屋的比例不断提高。同农村相比，受用地等条件的限制，城镇居民的住房在面积方面则相对较小。从居住房屋获取方式来讲，农村地区基本为自建房，而城镇地区随着市场经济的发展，大部分为商品房。由于获取方式以及区位等相关因素的差异，就市场价值而言，城镇居民房屋的市场价值要大于农村地区。但无论如何，农村移民进城安置后，需要通过市场等各种手段解决住房问题。

居住条件的一个重要表征指标是居住房屋的设施条件。不可否认，农村居民房屋内的设施条件在逐步改善，洗衣机、空调、燃气等现代化家庭设施不断被引进，但受基础设施和公共设施条件的限制，相比之下，城镇居民在燃气、供暖等方面仍享有更好的服务。农村移民进城后，其家庭设施条件将得到改善，但这种改善是以付费为前提的。正如一些进城安置的移民抱怨，进城后，虽然家庭设施条件得到改善，但"处处都花钱，生活成本陡然增加"。

三 生活方式

生活方式是农村移民进城后改变较大的一个方面。生活方式是一个内容相当广泛的概念，通过人们的衣、食、住、行、劳动工作、休闲娱乐、社会交往、待人接物等来表现出价值观、道德观、审美观以及与之相关的方面。通过衣、食、住、行以及社会交往等方式折射的农村居民的生活方式有别于城镇居民。在现代工业化的带动下，城镇的社会分工日益明显。城镇居民劳动力的家庭角色不断弱化，而社会角色不断强化。在此影响下，城镇居民的生活方式逐步简单化。农村移民进城后，其原有的生活方式和生活习惯将彻底被改变，取而代之的是对城镇较为简单而富有极大差异的生活方式的适应。在一定程度上，如果生活方式无法得到有效适应，移民安置的目标将无法有效实现。三峡移民安置实践中，个别外迁移民家庭长时间无法适应安置地的生活方式，最终，这些移民选择重返库区生活。

四 生产资料

对于农村居民而言，生产资料意味着拥有可以耕种的土地。而耕种土地的劳动技能则是世代相传的，是一种"与生俱来"的技能。随着工业化的到来，很多农村劳动力进入城镇，以农民工的身份参加工业生产。通过社会和企业劳动技能培训，这些农民工得到了完全不同于农业生产的新技能。但不可否认，土地仍然是传统农村社会的主要生产资料，是一种可旱涝保收的资源。而城镇中的生产更多是一种参与加工、制造、服务等行业的社会分工式生产。城镇居民以学历教育或技能培训方式，获取生产技能，参与到社会生产中。

五　生计方式

准确地说，生计方式是与生产资料紧密结合在一起的。土地、水源、草场、山林等是农村居民主要的生产资料。农民利用已有的生产资料从事大农业生产，并发展出不同形式的组合。而城镇居民的生计方式则相对而言比较简单，主要是依托于制造业和服务业等，以特定劳动技能从事某种工作。农村移民进入城镇后，对于已经获得城镇谋生技能的农民工而言，他们的生计方式不会发生较大的改变；而对于仍以传统农耕作为生计方式的移民而言，他们将不得不面临淘汰传统农业技能，学习制造业或服务业等新型技能的转型过程。赋予农村劳动力新的制造、服务以及家庭自主经营的能力，是安置农村移民进城的核心工作。

六　身份归属

对于农村居民而言，农民不仅是其职业，而且也是一种身份。这种身份是由二元户籍制度赋予的。拥有农村户籍，意味着只能享受农村的社会待遇。而城镇居民也有其特定的身份——城镇居民。农村移民城镇化安置后，身份的重新赋予是一个复杂的过程，涉及人口、社会保障、资源分配等各个方面。但不管怎样，赋予农村移民城镇户籍是城镇化安置的要务之一。

七　教育资源

农村教育资源相对比较稀少，农村儿童大多遵循就近入学的原则上学。而城镇教育资源相对丰富，但对教育资源的配置却有着比农村更为严格的限制。进入城镇后，如果被安置移民家庭适龄儿童数量较少，则可以在安置小区附近的学校就近入学；如果被安置移民家庭适龄儿童数量较多，则需要重新建造校舍，以保证这些儿童能够享有相应的受教育权益。

八　社会保障

按照社会保障制度，农村居民的社会保险和社会福利，与城镇居民相比是有区别的。农村居民按照《新型农村居民养老保险办法》等政策参加农村的养老保险和合作医疗保险,同时按照农村户籍享受农村居民社会福利待遇。而城镇居民按照《城镇居民养老保险办法》等政策参加城镇居民养老保险、城镇居民医疗保险和城镇职工失业保险等,同时按照城镇户籍享受城镇居民社会福利待遇。农村移民进城后,需要解决其社会保险、社会福利缴费和待遇向城镇居民社会保险、社会福利等转变的问题。这其中涉及制度之间的衔接以及资金的平衡问题。但不管怎样,社会保障制度的衔接和城镇居民社会保障待遇的赋予是农村移民城镇化安置的重要内容之一,也是保障城镇化安置成功的关键。

九 社区管理与服务

村集体是农村社区的载体。依托村集体,农村居民实现人口、土地资源、社会关系处理等各种社区事务的管理。城镇社区同样具有人口、环境、文化等各种管理职能。农村移民城镇化安置后,需要将其纳入现有城镇社区进行管理,或者建立新的社区,按照城镇社区模式进行社会化管理,以适应城镇生活和生计模式的需要。

此外,社区资源的享有也是一个需要关注的问题。对于农村居民,其村集体成员的身份让其拥有集体资源或资产权益。在其进入城镇后,集体资产处置将成为一个重要工作,移民的原有资产如何处理,城镇化安置的移民是否仍有资格享有集体资产的权益将是一个较为现实的问题。

第三节 水库移民城镇化安置要素演变理论框架构建

一 水库移民城镇化安置要素演变内涵与特征

水库移民城镇化安置要素演变是指在水库移民城镇化安置过程中,水库移民生产生活涉及的各种社会经济表征或支撑要素的变化。这种变化具有突变性、颠覆性和不可逆性。首先,从较长的历史时间来看,水库移民活动跨越时间较短,较长的也仅仅持续数年。水库移民城镇化安置是一个短时间内的变化活动,因此其要素的变化也是一种剧变过程。当然,诸如水库移民生活方式等的变化将是一个经历数年的过程。但同较长的时间段相比,这种变化过程仍然相对较短。其次,这种演变是一种彻底的、颠覆性的变化。农村居民和城镇居民的生产生活环境、条件是完全不同的。水库移民进入城镇后,他们将享受与原有农村社会迥然不同的生活环境。再次,受户籍等制度的限制,水库移民进入城镇后,其原有的生产生活环境将被破坏,取而代之的是城镇的生产生活环境,同时移民被赋予新的身份。从宽泛意义上来讲,这种身份的变化是一个不可逆的过程。同时,随着城镇化安置的完成,移民将逐步适应城镇生活方式和生活环境。从福利的刚性角度来讲,移民也无法重新适应农村社会相对落后的设施环境。

二 演变理论框架

水库移民城镇化安置后,其生产生活要素的变化是全面性的,涉及基础设施与公共服务设施、居住、生活方式、生产资料、生计方式、身份归属、教育资源配置、社会保障以及社会管理与服务等。全面梳理移民生产生活要素的演变方式,构建演变理论框架,对把握水库移民城镇化安置核心内容具有重要作用。

按照水库移民城镇化安置要素的演变方向,水库移民城镇化安置要素演变理论框架分为基础设施与公共服务设施、居住、生活方式、生产资料、生计方式、身份归属、教育资源、社会保障、社区管理与服务九大方面。同时,不同方面又分为不同的下属要素。按照理论框架,水库移民从原有的生产生活状态转换成另一种状态后,需要辅助以相应的政策措施,否则会阻碍城镇化安置的顺利进行。

水库移民城镇化安置要素演变理论框架具有解释、指示、警示和评估四大职能。①解释职能。通过理论框架,政策制定者或执行者可以理解水库移民城镇化安置后的具体行为特征,为相应的辅助性政策制定提供支持。②指示职能。该理论框架是对农村移民城镇化安置后,其生产生活系统要素演变的高度概括。水库移民安置机构可以本框架为指导,为安置后的移民提供相配套的政策与服务，以保障移民顺利安置和安稳发展。③警示职能。移民安置和服务机构可以本框架为参照，检查移民城镇化安置措施是否齐备，是否得当，当缺乏相应要素演变辅助政策或措施时，可及时补救。④评估职能。建立相应评估等级，为城镇化安置效果评估提供指标框架，发现移民生产生活涉及的各个要素，调整配套政策水平度。

水库移民城镇化安置要素演变理论框架具体见表6-1。

表6-1 水库移民城镇化安置要素演变理论框架

类别	要素	现状（农村移民）	演变之后（城镇安置）	保障政策或措施
基础设施与公共服务设施	供水	井水、河水、池塘水等	自来水集中供水	1. 将水库移民纳入城镇自来水供水系统；2. 建造新的自来水集中供水系统
	供电	电网集中供电	电网集中供电	
	道路	缺少硬化路面，路网不合理	便捷的道路交通系统	在交通较为便捷的区域新建城镇化安置小区；2. 为安置小区新建道路网络系统
	交通	摩托车、步行等	公交、地铁等公共交通系统	为移民提供享有便捷公共交通出行的资格，如办理市民出行卡等
	医疗	缺乏医疗场所，或医疗条件不达标	较高等级的医疗救治条件	为移民提供享有医疗救治的资格，如办理市民医疗服务卡
	卫生	缺乏基本的卫生服务	依托于社区，拥有一定条件的卫生服务	为移民提供享有卫生服务的资格
	教育	教育资源缺乏，教育条件较差	教育资源丰富，教育条件较好	为移民子女提供基本的教育资源享有条件，如提供就近入学等教育资源享有条件，或在安置区建造新的校舍，等等

续表

类别	要素	现状（农村移民）	演变之后（城镇安置）	保障政策或措施
居住	居住区域	相对分散	相对集中	采取社区式管理服务
	居住土地	依托于集体宅基地	国有土地	为移民居住房屋办理国有土地使用证，为居住或上市交易提供权利保障
	居住房屋	私有，结构等级偏低	私有，结构等级较高	采取新建、购置等方式为移民提供符合建筑要求的居住房屋，并办理房屋产权证
	屋内设施	设施简单	拥有水、电、暖、气等设施	为屋内设施运行提供基本的设施服务
生产资料	生活方式	典型的多样性农村居民生活方式	较为简单的城镇生活方式	为移民融入城镇，接受城镇生活方式提供全方位培训
	生产资料	土地、山林、草场、水面等	没有生产资料，拥有门面、储蓄等	1. 通过提供门面等方式为移民配置门面房；2. 为移民提供就业机会
	生产技能	农业生产技能	制造业或服务业技能	为移民技能转型提供全方位培训
	生计方式	农村传统的农业生计类型组合	城镇制造业或服务业等生计类型	为移民生计转型提供相应咨询等服务辅导
	身份归属	农村户籍	城镇户籍	赋予移民城镇户籍
教育资源	义务教育	农村义务教育点接受教育	城镇义务教育点接受教育	提供与城镇户籍配套的教育资源
	职业教育	进入城镇接受教育	在城镇接受教育	

续表

类别	要素		现状（农村移民）	演变之后（城镇安置）	保障政策或措施
社会保障	社会保险	养老保险	新型农村居民养老保险	城镇居民养老保险	为进入城镇的移民提供养老保险转机服务，并在缴费方面提供资金支持
		医疗保险	新型农村合作医疗保险	城镇居民医疗保险	为进入城镇的移民提供医疗保险转机服务，并在缴费方面提供资金支持
		失业保险	无	城镇职工失业保险	严格执行城企事业单位移民就业失业保险参保制度
	社会救助	最低生活保障	农村居民最低生活保障	城镇居民最低生活保障	将进城安置的移民纳入城镇低保制度
		其他救助	其他农村救助体系	其他城镇救助体系	纳入相应城镇社会救助体系
	社会福利		农村福利待遇体系	城镇福利待遇体系	纳入相应城镇社会福利体系
社区管理与服务	社区管理	治安管理	农村联防制度	社区安保体系	建立社区安保体系
		人口管理	农村人口管理与服务	城镇人口管理与服务	纳入城镇体系，并重点对生育、流动人口等进行管理
		环境管理	无	社区环境建设	建立社区环境建设与保护制度
		社会组织	基本无社会组织管理制度	居民互助等各种组织	为相应社会组织提供管理与服务

续表

类别	要素	现状（农村移民）	演变之后（城镇安置）	保障政策或措施
社区服务	技能教育	无	社区技能教育体系	建立社区技能教育体系，并进行资金扶持
	卫生服务	村级卫生诊疗服务	社区卫生诊疗服务	纳入社区服务人口范围
	就业服务	无	社区就业推荐服务	纳入或建立社区就业推荐服务体系
社区管理与服务	集体资源共享	集体资产共享权益	社区资产共享权益	建立农村集体资产变现等机制，为移民进入城镇生活提供资金等支持

第七章
水库移民城镇化安置模式

第一节　水库移民城镇化安置空间选择模式

按照空间选择模式，水库移民城镇化安置可以分为集镇安置、县城安置和中心城市安置。

一　集镇安置

1. 集镇安置定义与适宜人群

集镇在中心地系统的概念中，是较低的一级中心地，主要供应乡村所需的生产资料和生活资料，收购农产品，以及满足其服务范围内的居民对教育、医疗、娱乐等的需要，是城乡之间的纽带。集镇在一定条件下有可能发展为建制镇。在乡村人口比例较大的国家和地区，集镇在居民经济生活中起着重要作用。

集镇内部结构的主要特征，是商业街道居于核心地位。集镇的平面形态则受当地环境以及与相邻村镇联络的道路格局的影响，或呈带状伸展，或为块状集聚，并随本身的成长而逐步扩展。从地理学角度说，集镇是乡村聚落的一种，通常指乡村中拥有少量非农业人口，并进行一定商业贸易活动的居民点。集镇既无行政上的含义，亦无确定的人口标准，一般是对建制镇以外的地方农产品集散和服务中心的统称。集镇的形态与经济职能兼有乡村和城市两种特点，它是介于乡村和城市间的过渡型居民点，其形成和发展多与集市场所有关。由于具有一定的腹地、有利的交通位置，通过定期的集市和商品交换，逐步建立一些经常性的商业服务设施，集镇在此基础上发展而成。在中国，县城以下的多数区、乡行政中心，均具有层次较低的商业服务和文教卫生等公共设施，并联系周边一定范围的乡村，除设建制镇的以外，习惯上被称为集镇。

水库移民集镇安置是指依托集镇商品聚集和流通等基本功能，将水库移民搬迁至集镇，通过集镇兼有的乡村和城市联通功能，发展移民家庭经济的安置方式。

与县城以及中心城市相比，集镇在政治、经济、文化以及人口与货物聚集等方面都具有相对较小的特征。同时，由于集镇紧靠农村，安置于集镇的少部分移民户还可以兼顾农业生产。在集镇安置移民，其成本也相对小于在县城和中心城市安置移民的成本。因此，集镇安置主要适用于有意居住在城镇，而家庭经济发展能力较低或想要兼顾农业生产的移民家庭。

2. 集镇安置主要内容

首先，水库移民集镇安置的要义是将移民安置于集镇。这就要求集镇提供相应的居住场所，解决移民的居住需求。其次，集镇安置还要解决移民的生产需求。这就要求移民安置机构充分利用集镇的便捷条件，引导移民发展第二、三产业，尤其是商贸流通业，推动移民生产生活的有序恢复。从水库移民集镇安置的定义可以看出，集镇安置的适宜对象是具备从农业生产向非农业生产转变条件、愿意进入集镇进行安置的移民。

在移民集镇安置过程中，为维系其基本生活，需要解决其住房、水、用电、道路交通、医疗卫生、文化教育、休闲娱乐等问题。住房问题通常通过集镇集中建房、购置/置换二手房、购置商品房等方式解决。水、用电、道路交通、医疗卫生、文化教育、休闲娱乐等问题，通常通过移民基础设施和公共设施专项投资解决。此外，进入集镇安置的移民，还需要解决其心理适应、民族文化传承等问题；对于集镇安置移民的主要生计问题，可以采取非农就业、兼业就业等方式解决。具体见本书第六章第三节。

3. 集镇安置投资与资金筹集

集镇安置涉及生活安置和生产安置。其中，生活安置不仅涉及住房重建或购置，还涉及水、用电、道路交通、医疗卫生、文化教育、休闲娱乐等基础设施和公共设施的重建与新建。因此，集镇投资的首要内容是生活安置的设施投入。此外，集镇安置移民还需要解决其就业问题。就业是移民稳定安置的基础。集镇移民就业可以采取非农化就业和兼业就业安置两种方式进行。不管是非农化就业安置，还是兼业就业安置，都需要政府在就业技能培训、岗位设置、职业介绍、劳务输出等方面给予专项资金支持。

从一般意义上来讲，集镇安置移民的生活安置和生产安置所需资金主要来源于移民原有设施的补偿费。在实际安置过程中，地方政府通常从扩大集镇规模、改善移民家庭生产生活条件，以及地方经济长期可持续发展等视角，扩大各种设施迁建规模。这些发展所需的新增投入，大部分由地方政府财政解决。此外，移民家庭居住等安置方式的规模扩大和质量提高，其费用往往由移民家庭承担。

二 县城安置

1. 县城安置定义与适宜人群

县城是县域的政治、经济、文化等中心，是县域的府城所在。同集镇相比，县城在道路、供水、供电、通信、交通，以及医疗卫生、文化教育、休闲娱乐等基础设施、公共设施和社会服务方面，都具有很大的优势。同时，县城还是商品和服务生产与销售的初级中心。通过商品和服务的生产与销售，县域内劳动力获得了相应报酬，进而提高家庭收入水平。

水库移民县城安置是指利用县城经济社会相对发达的便捷条件，将水库移民安置于县城中，促使其利用县城便捷的交通和商贸流通服务功能，实现移民生产生活的恢复。县城安置相对于集镇安置，其安置成本要大幅增加。

2. 县城安置主要内容

移民的居住是县城安置首要考虑的要素。随着房地产市场的改革和完善，县城内的土地功能划分比较科学，土地使用价值较高。如果将移民安置于县城内，首先要解决其居住的土地问题。

而这比集镇安置的成本高很多。县城安置移民的住房解决途径主要有划定宅基地统一建房、购置商品房、购置二手房等。对于大多数水利水电工程移民而言，统一建房是主要的住房解决途径。对于一些以城镇化安置方式为辅的电站移民，购置商品房是主要手段。实施县城安置后，政府还要解决移民的基础设施和公共设施享有问题。由于县城设施条件较为齐备，因此基础设施和公共设施的建设任务相对较轻。

县城安置还需要解决移民的生产问题。生产安置是妥善安置移民的重要保证。如果没有稳定的生产活动，移民的生活将无法维系。生产安置的首要任务是解决移民的就业问题。县城是商品和服务的生产与流通的聚集地。移民利用县城的便捷条件，可以从事第二、三产业，进而实现生产生活的有效恢复。具体内容见本书第六章第三节。

3. 县城安置投资与资金筹集

县城安置需要的住房、水电等基础设施和公共设施投入是移民县城安置最主要的投资内容，其中，住房投资是核心。不同的住房供给模式，其住房投资的方式是不同的。对于购置商品房和二手房，其资金来源主要有移民原有住房补偿、项目业主新购房补助以及政府其他补助资金等。对于集中建造安置房，资金以项目业主承担为主、移民原有房屋补偿款和政府补贴为辅。对于基础设施和公共设施建设，其资金则主要由移民补偿和补助资金投资解决。

此外，实施县城安置后，移民的生产问题还需要得到有效解决。与集镇相比，县城对劳动力的吸纳容量较大，因此，具有一定生产技能的劳动力都可以在县城找到较为合适的工作。从投资角度而言，可对劳动力技能培训、职业介绍等方面进行主要投资，并辅之以少量的基本就业津贴补助等。

三 中心城市安置

1. 中心城市安置定义与适宜人群

中心城市是指在一定区域内或全国社会经济活动中处于重要地位、具有综合功能或多种主导功能、起枢纽作用的大城市和特大城市。综合经济能力、科技创新能力、国际竞争能力、辐射带动能力、交通通达能力、信息交流能力、可持续发展能力七大指标是考察中心城市的主要内容。中心城市是经济区域内生产和交换集中的地方，对周围地区产生较强的经济辐射作用，并承担组织和协调区域经济活动的职能：①进行生产的分工、协作和扩散；②通过流通，互通有无，促进竞争，形成优势；③通过财政、金融、税收等经济手段和人才培训等促进地方经济发展。

水库移民中心城市安置是指将水库移民安置于具有综合功能或多种主导功能、起枢纽作用的大城市。相比集镇和县城，中心城市蕴藏了更多的就业机会和便捷的生活方式。但安置于中心城市，移民的生活成本高，生存压力也较大。因此，在中心城市安置的移民，要有较强的抵抗经济、社会等风险的能力。如果不具备相应条件的移民进入中心城市，则其需要较长时间的适应性培育。

2. 中心城市安置主要内容

与集镇安置和县城安置相同，中心城市安置也需要解决移民的生产和生活问题。与县城安置相比，中心城市安置中，对基础设施和公共设施等的享有同移民农业生产身份向非农生产身份转变直接相关。如果安置后移民的农业户籍转变为非农户籍，则移民可以以城市居民身份同等享有各种公共设施和基础设施，也可以同等享有其他服务。但是，中心城市安置的一大难题是移民的住房问题。县城安置可以通过划拨土地新建房屋，或者以低价供应商品房等方式解决移民居住问题。而中心城市地理位置优越，市场经济发展程度高，房地产市场发达，若以划拨土地新建商品房的方式解决移民居住问题，成本会很高。而购置商品房方式则会加重移民和业主单位的负担，因此在移民安置过程中较少采用这种方式。而相对于集镇和县城，由于中心城市具有更为优越的经济发展条件，移民的生产安置较为容易。

3. 中心城市安置投资与资金筹集

中心城市安置的投资内容主要包含住房、基础设施和公共设施等生活安置投入，以及以就业为导向的生产安置投入。中心城市安置的生活安置投资的基本模式与县城安置基本相同。但中心城市安置还需要对移民的城市基本生活方式适应、心理适应等其他方面进行投资。由于中心城市生活成本较高，其单位投资量要高于县城安置。在生产安置投资方面，就业技能培训、职业介绍等是主要投资内容。其中，技能培训以及因失业而增加的失业津贴等是较为重要的投资内容。

第二节 水库移民城镇化居住选择模式

一 集中小区安置

集中安置是将整个村或组的移民搬迁到新的安置区集中在一定范围内统一安置。这种安置方式适合于库区生存环境恶劣、生产发展条件极差的地区，在水库移民安置中占了很大比例。集中小区安置的一个重要特点是新建集中安置小区供水库移民整体搬迁居住。集中小区安置的一个重要工作是新建移民居住小区，该小区是集基础设施、公共设施以及公共服务于一体的综合性小区。集中小区安置中，设施条件是重要的一个方面。

集中小区安置实施中，需要解决供水、供电、通信、交通、医疗、教育、购物等问题。移民的供水、供电、通信和交通等基础设施和公共设施需求一般通过集成化配套方式满足。移民对医疗、教育、购物等公共服务的需求，可以通过小区内设置小型服务中心，或者与相邻街道或社区共享大型服务中心等方式满足。

就业问题也是集中小区安置需要考虑的一个重要方面。在集中小区安置过程中，以第二、三产业为依托，解决移民就业问题的例子比较多。如一个移民村（组）集体安置到一个农场或一个工矿企业，或依托规划扩张的城市划片集中安排生活区形成"移民城"，并自办第二、三产业发展生产。这种方式的典型案例是，水口水电站在现有中小城市附近，按原建制集中安置移民，以城市为依托，通过招商引资发展大规模、集约化的高效农业，以及兴办食品加工厂、建材厂、保温材料厂等特色工业来恢复移民的生产生活，以达到移民安置的目的。通过集中安置农村移民从事第二、三产业，其原有的一些习俗可以在一定程度上得以保留，移民可以获得一个文化转型的过渡期和适应期，这既满足了移民离土不离乡的愿望，又有利于搬迁后移民心态的稳定。同时，为确保安置的成功，移民管理机构应与安置区政府、移民签订协议并进行公证，以求稳妥可靠。

二 分散安置

分散安置是指淹没区移民由政府出面组织分散插组/社区或移民自主投靠亲友迁到城镇的安置方式。有学者认为，分散安置的远迁居民迁移到陌生的社区中，原有的村社邻里关系结构发生剧变，移民的心理压力大、顾虑多，安置点处理移民问题稍有不当就可能导致移民返回库区或要求二次安置。而且随着土地供给紧张程度的增加，移民与当地居民在基础设施和公共设施使用等方面存在的矛盾也越来越突出。另有学者认为，虽然分散安置能解决的水库移民数量较少，但可以大大减少因大量安置而需解决的基础设施费用及相关的管理费用，比较符合中国人多地少的国情，有利于移民经济发展和生活水平的稳步提高。移民自主投靠亲友的安置方式充分利用了移民原有的社会网络资源，使移民在生产生活方面的过渡时间缩短，同时，由于投亲靠友的移民数量有限，对接受地的经济社会影响较小，因此这种安置方式也是可取的。尽管在某些安置区存在当地居民歧视移民的不良现象，但它往往是由于双方交往频率低以及缺乏行之有效的沟通方式造成的，故该现象只是暂时的、局部的。因此，在政府出面采取有效措施的前提下，由于环境容量等原因而采取的分散安置方式在现阶段是比较现实可行的。

分散安置同样需要解决移民对基础设施和公共设施的需求问题。移民的居住问题可以通过在安置地重新建造房屋，或者购买商品房或二手房予以解决。由于移民分散于不同的安置点，水、电、路、医院、学校、购物场所等基础设施和公共设施的供给成本相对较高。对于供水、供电、交通等基础设施，可以通过新建或者利用已有条件予以解决；对于医院、学校和购物中心等服务设施，则一般通过与安置地共享予以解决。

第三节 生计模式选择

水库移民城镇化安置后,由于其生活方式已经实现城镇化,因而其生计方式也必须和城镇生计模式相匹配。从生计特征来看,水库移民城镇化安置后的生计模式主要有两种:兼业生计模式和非农业生计模式。

一 兼业生计模式

兼业生计模式是将农业生计和非农业生计相结合的一种生计安排思路,可以是土地生计和社会保障生计的结合,也可以是土地生计和小城镇中的门面生计相结合。

水库移民兼业生计模式,是指在库区蓄水淹没的条件下,在充分考虑移民环境容量、方便移民生产生活的基础上,结合城乡一体化要求,对部分或全部库区农村移民进行城(集)镇生计安排,以使库区农村移民实现兼业发展的一种方式。移民居住在城(集)镇,可以在城(集)镇从事和发展非农产业,也可以利用征地后剩余的林地、牧草地资源或者利用再分配的城(集)镇周边的土地资源进行生产,其生计风险可降到最低。

兼业生计方式多种多样。有学者认为,兼业生计方式有以下模式:功能辐射型发展模式、产业开发型发展模式、科技创新型发展模式、市场主导型发展模式、生态建设型发展模式等。这些库区小城镇特色类型的兼业发展模式,是对库区乡村城镇化进程中农村经济活动及农村移民人口向非农产业与城镇转移的小城镇发展形式的总结与设想。由于方式多种多样,因此兼业生计方式适应面比较广。总的来说,兼业生计方式适合以下人群:①思想观念比较开放、善于接受新鲜事物的人群;②家庭中的主要劳动力有一技之长或以经商为主要经济来源的移民家庭。

农村城镇化的发展,促进了库区社会经济繁荣和城乡一体化进程,大大提高了库区的城镇化率。城(集)镇经济的发展带动了库区经济;反过来,库区经济的发展又促进了城(集)镇的发展和壮大。两者产生了良性的联动、互动效应。同时,库区移民对土地的依赖观念也发生了根本性的变化，越来越多的移民弃耕从工或从商。这之中当然也存在一些风险。

兼业生计方式有序运行的核心是要保证移民拥有有效的生计资源。对于农业生产来讲，土地等农业生产资料以及保障移民能够有序开展农业生产活动的辅助措施是核心；对于非农业生产而言，非农化就业机会是实现非农业就业的前提。这种就业机会一方面是城镇化发展所带来的机会，另一方面是水库移民拥有非农化就业技能或本领的保障。

二　非农业生计模式

按照三大产业分类法，我国产业结构可以分为三类：第一产业为农业（包括种植业、林业、牧业和渔业）；第二产业为工业和建筑业；第三产业是除第一、二产业以外的其他各业。第三产业可分为流通部门（含批发和零售贸易、餐饮业），为生产和生活服务的部门，为提高科学文化水平和居民素质服务的部门，以及社会公共服务部门。非农业生计模式概括起来说就是移民不再从事农业生产，不占用土地资源，而主要从事第二、三产业。非农业生计模式的好处是可有效减少我国土地资源日益紧张的供需矛盾，它是库区移民安置中日益重要的一种安置方式。但该生计模式需要库区移民具有从事第二、三产业的知识文化水平、技能和经验，具有承担一定社会风险的能力，同时还需要移民安置区具有相应的社会保障水平，以保障非农业安置移民的基本生活。

移民非农化安置以后，将结合城（集）镇具体生产结构类型和用工要求，对照自己所掌握的生产技能，有选择地从事非农工作。

与城（集）镇原住居民劳动力相比，水库移民劳动力具有劳动技能偏低、劳动纪律性差以及劳动维权意识不强等特点，因此其就业层次相对较低。从水库移民城镇化安置实践来看，大部分水库移民从事建筑安装、批零贸易、餐饮服务等工作。这些工作岗位具有流动性大、不稳定、工资报酬偏低、劳动强度较大等特点，因此，有必要加强措施，提高城镇化安置的水库移民的就业层次。这取决于移民安置机构和移民劳动者两方面。一方面，移民安置机构要积极发挥服务职能，为移民提供较高层次的劳动力技能培训，不断提高劳动力素质。另一方面，进入城镇的水库移民劳动力，要主动转变思想，接受移民安置机构举办的技能培训服务。

第四节　多角度视角下的水库移民城镇化安置模式比较

水库移民城镇化安置是移民安置中的一种重要安置方式。这种安置方式需要同中央与地方城镇化战略、安置地土地供给、基础设施与公共设施配套、社会有序管理等紧密结合起来。识别水库移民城镇化安置的路径，需要从以下多个角度深入分析。

城镇化是人口持续向城镇集聚的过程，是世界各国工业化进程中必然经历的阶段。当前，世界城镇化平均水平已超过50%，有一半以上的人口居住在城市。城镇化发展是我国的一项重要战略。目前，《全国促进城镇化健康发展规划（2011~2020年）》已经编制完成。按照该规划，未来中国新型城镇化建设将遵从"公平共享""集约高效""可持续"三个原则，按照"以大城市为依托，以中小城市为重点，逐步形成辐射作用大的城市群，促进大中小城市和小城镇协调发展"的要求，推动城镇化发展由速度扩张向质量提升"转型"。

对于城镇化而言，土地是一种稀缺资源。随着城镇化的快速发展，城镇人口数量不断增加。城镇人口的增加必然扩大居民对基础设施、公共设施以及居住设施的需求，这将直接带来对城镇土地资源需求的增加。随着城镇化的不断发展，在国家18亿亩耕地红线的限制下，土地资源成为城镇发展的重要制约条件。相对于大城市而言，中小城市在人口数量和土地资源方面都有一定的优势，在水库移民安置中，土地资源的获取相对容易，土地获取成本也相对较小。

基础设施、公共设施和公共服务是人口城镇化后的基本需求。基础设施与公共设施包括道路、通信、供水、供电、广播电视、医院、学校、文化娱乐、公共绿地等各种资源。这些资源是有限的，其供给与需求要相互匹配。当人口数量的增加超过其承载能力时，基础设施、公共设施以及公共服务将无法满足现实需求，这将引发社会矛盾。与大城市相比，中小城市在基础设施、公共设施和公共服务方面的供给能力相对较差。对于水库移民安置而言，安置在中小城市后，其基础设施、公共设施和公共服务的供给压力相对较小。

社会管理主要是政府和社会组织为促进社会系统协调运转，对社会系统的组成部分、社会生活的不同领域以及社会发展的各个环节进行组织、协调、监督和控制的过程。社会管理的基本要义是有序、规范和稳定。对于水库移民安置而言，稳定是安置的基本目标之一。对于集镇安置移民而言，集镇政府的社会管理能力较弱，遇到突发性事件时，风险防控能力差。在风险防控方面，县城要好于集镇，但差于中心城市。

此外，移民城镇化安置的路径选择还需要综合考虑地理空间分布、生计方式、社会适应以及安置资金投入等要素。不同要素的综合比较见表7-1。

表7-1　多角度视角下的水库移民城镇化安置路径比较

项　目	集　镇	县　城	中心城市
城镇化战略的衔接视角	契合国家城镇化发展战略	契合国家城镇化发展战略	契合国家城镇化发展战略，但不适宜大范围安置
安置地土地供给状况	土地供给充足	土地供给较为充足	土地供给较为紧张
基础设施、公共设施和公共服务供给	提供能力较差	提供能力一般	提供能力较好
政府社会管理能力	社会管理能力较差	社会管理能力一般	社会管理能力较强
地理空间	地理空间改变较小，可以作为主要安置区域	地理空间有一定程度改变，县市安置接纳人口较少	地理空间改变较大，极少部分转移人口能够适应这种空间转换

续表

项　目	集　镇	县　城	中心城市
生计方式	原有生计方式大部分被改变	改变原有生计方式	改变原有生计方式
社会适应	社会适应状况一般，存在转移人口生计不稳定风险	社会适应状况一般，存在转移人口生计不稳定风险	社会适应较差，存在转移人口生计不稳定风险
安置资金投入	安置资金投入较少	安置资金投入较多	安置资金投入多

第五节　不同城镇安置模式下水库移民安置要素演变配套政策选择

集镇、县城、中心城市由于安置空间不同，在移民的居住模式、生计方式、设施和服务供给、生产资料配置等方面都是有差异的。按照不同安置空间，本处对水库移民城镇化安置不同要素演变后的配套政策进行梳理。总体上，水库移民城镇化安置后的配套政策分为基础设施与公共服务设施、居住、生活方式、生产资料、生计方式、身份归属、教育资源、社会保障、社区管理与服务九大类。移民安置机构需要根据不同的安置空间以及安置对象，选择合适的配套政策。不同城镇安置模式下水库移民安置要素演变配套政策选择见表7-2。

表 7-2　不同城镇安置模式下水库移民安置要素演变政策选择

类别	要素	集镇	县城	中心城市
基础设施与公共服务设施	供水	纳入乡镇自来水管网集中供水	纳入县城自来水管网集中供水	1. 纳入中心城市自来水管网集中供水；2. 新建自来水供水系统
	供电	电网集中供电	电网集中供电	电网集中供电
	道路	纳入当地道路交通系统	纳入当地道路交通系统	纳入当地道路交通系统
	交通	赋予公交等公共交通系统服务享受资格	赋予公交等公共交通系统服务享受资格	赋予公交等公共交通系统服务享受资格
	医疗	纳入乡镇医疗救治服务享受资格	赋予县城医疗救治服务享受资格	赋予中心城市医疗救治服务享受资格，建设社区医疗服务机构
	卫生	纳入乡镇卫生服务系统	纳入县城卫生服务系统	纳入中心城市卫生服务系统
	教育	享受乡镇义务教育、中等和高等教育资源	享受县城义务教育、中等和高等教育资源	享受中心城市义务教育、中等和高等教育资源
居住	居住区域	1. 乡镇内；2. 集中居住或分散安置	1. 县城内；2. 集中居住或分散安置	1. 开发区或者市区商品房新建区；2. 集中居住或分散安置
	居住土地	国有土地	国有土地	国有土地
	居住房屋	产权私有化，符合国家建筑等级标准	产权私有化，符合国家建筑等级标准	产权私有化，符合国家建筑等级标准
	屋内设施	按照乡镇基础设施和公共设施服务提供基本家庭生活设施	按照县城基础设施和公共设施服务提供基本家庭生活设施	按照中心城市基础设施和公共设施服务提供基本家庭生活设施

第七章 水库移民城镇化安置模式 123

续表

类别	要素	集镇	县城	中心城市
	生活方式	提供城镇生活方式适应性培训	提供城镇生活方式适应性培训	提供城镇生活方式适应性培训
生产资料	生产资料	条件允许,为移民提供经营门面,或者门面经营收益分配权	条件允许,为移民提供门面经营收益分配权	条件允许,为移民提供门面经营收益分配权
	生产技能	为移民劳动力提供生产或经营技能培训	为移民劳动力提供生产或经营技能培训	为移民劳动力提供生产或经营技能培训
	生计方式	为生计转型提供服务支持	为生计转型提供服务支持	为生计转型提供服务支持
	身份归属	为移民办理城镇居民户籍,赋予城镇生活身份	为移民办理城镇居民户籍,赋予城镇生活身份	为移民办理城镇居民户籍,赋予城镇生活身份
教育资源	义务教育	就近接受义务教育	就近接受义务教育	就近接受义务教育,或者新建移民学校
	职业教育	赋予城镇职业教育权益	赋予城镇职业教育权益	赋予城镇职业教育权益
社会保障	社会保险 养老保险	为移民办理城镇居民养老保险	为移民办理城镇居民养老保险	为移民办理城镇居民养老保险
	医疗保险	为移民办理城镇居民医疗保险	为移民办理城镇居民医疗保险	为移民办理城镇居民医疗保险
	失业保险	强制移民就业企业为移民投保失业保险	强制移民就业企业为移民投保失业保险	强制移民就业企业为移民投保失业保险
	社会救助 最低生活保障	将移民纳入城镇居民最低生活保障制度	将移民纳入城镇居民最低生活保障制度	将移民纳入城镇居民最低生活保障制度
	其他救助	赋予接受城镇其他救助资格	赋予接受城镇其他救助资格	赋予接受城镇其他救助资格
	社会福利	赋予城镇福利待遇享受资格	赋予城镇福利待遇享受资格	赋予城镇福利待遇享受资格

续表

类别	要素		集镇	县城	中心城市
社区管理与服务	社区管理	治安管理	纳入乡镇联防范畴	纳入县城联防范畴，建立小区治安组织	纳入城市联防范畴，建立小区治安组织
		人口管理	纳入城镇人口管理与服务体系	纳入城镇人口管理与服务体系	纳入城镇人口管理与服务体系
		环境管理	纳入乡镇环境建设体系	建立社区环境管理组织	建立社区环境管理机构
		社会组织	鼓励移民加入乡镇居民互助组织	鼓励建设居民互助等各种组织	鼓励建设居民互助等各种组织
	社区服务	技能教育	纳入乡镇技能教育体系	建立社区技能教育体系	建立社区技能教育体系
		卫生服务	纳入乡镇卫生诊疗服务体系	纳入县城卫生诊疗服务体系	纳入城市卫生诊疗服务机构
		就业服务	纳入乡镇社区就业服务体系	纳入县城就业服务体系	纳入城市就业服务体系
	集体资源共享		通过集体资产处置，为移民社保、安居、就业等提供资源支持	通过集体资产处置，为移民社保、安居、就业等提供资源支持	通过集体资产处置，为移民社保、安居、就业等提供资源支持

第八章
水库移民城镇化安置的社会管理与服务需求

水库移民城镇化安置社会管理，主要是指在特定条件下，由地方权力部门授权对不能划归已有经济、政治、文化部门管理的移民相关公共事务进行的专门管理，其基本任务包括协调社会关系、规范社会行为、解决社会问题、化解社会矛盾、促进社会公正、应对社会风险、保持社会稳定等。

水库移民城镇化安置，打破了移民原有的社会组织，对公共管理提出了挑战，并推动了人口管理及社区建设的转型，进而产生了对应的管理需求。因此，水库移民城镇化安置的社会管理需求主要来源于：社会组织管理需求，如水电气热服务、交通服务等；社会公共安全管理需求，如职业技能培训、少数民族文化适应等；社会保障性服务需求，如医疗保障、养老保障等；社区自治服务需求，即加强社区参与、促进社区自治等。

社会服务包括生活福利性服务、生产性服务和社会性服务。水库移民城镇化安置的社会服务以社会性服务为主，主要是为直接改善和发展移民生活福利而提供的服务，如衣、食、住、行、用等方面的服务，并包含一定的生产性服务。生产性服务主要可以分为：市政公用事业服务，如水电气热服务、交通服务等；文教卫生服务，如移民思想文化教育、职业技能培训、少数民族文化适应等；社会保障性服务，如医疗保障、养老保障等；社区自治服务，即加强社区参与、促进社区自治等。

第一节　社会组织管理

社会组织是为了实现特定的目标而有意识地组合起来的社会群体。对水库移民而言，搬迁安置活动破坏了其原有的社会组织，需要在安置后建立新的组织或完善保留下来的组织。

移民城镇化安置后，首先，需要建立并完善移民管理组织体系。安置地移民事务主管部门是移民管理的核心组织，应在上级政府的指导下，从政策制定、制度设计到安置实施、监测评估等多方位、全过程地参与移民管理活动。移民从不同的乡镇、村、组聚居到同一个社区、同一栋楼，甚至同一层楼，其原有的组织及其结构已不能适应安置后的生计活动，需要形成和发展新的适应需求的自我管理组织。栗子园社区的"楼层长"制度及相应形成的楼层栋长群体即是为应对这一方面的组织需要而产生的。对移民管理组织而言，移民进入城镇后，原村委会、村民小组不再存在，无法继续依托其开展工作。相关机构和人员需要创设新的组织或机制以应对移民搬迁后的调适、管理需要。青山嘴水库移民搬迁到城镇后，相应成立的社区管理委员会即是这一方面的新组织。其次，移民安置于城镇社区后将自发形成一些符合自身需要的组织。如栗子园社区的彝族左脚舞队，就是在社区管委会指导下形成的充分尊重彝族民族风俗的社区文化休闲组织，其通过组织日常性的左脚舞娱乐及排练舞蹈节目参加不同层次的演出和比赛活动，极大地丰富了移民的闲暇生活，获得了一致好评。最后，安置地的其他社会组织应充分发挥作用。如地市共青团组织、妇联、高等院校学生组织等，应在明确分工的基础上，有序协作。在经济领域，吸纳移民就业，配合政府的宏观调控，协调市场资源配置；在政治领域，为移民有序参与、增强自治、参与公共事务提供平台；在社会领域，调节利益冲突，填补公共服务的薄弱环节，扩大公共服务范围，降低社会管理成本。

第二节　社会治安及社区人口管理

对于城镇化安置的移民，其生计水平、教育、民族及文化等方面存在较大的差异，可以从人与物两个层面探讨其公共安全管理的需要。

人的管理。移民安置社区的人口管理，涉及移民人口管理和社区流动人口管理两方面。对于移民，在安置后应从根本上解决传统户籍制度下社会经济管理功能不强的问题。具体而言，需要改革现行户籍管理体制，对城镇化安置后的移民户籍进行调整，将其尽快纳入城镇人口管理范围，并随着城市各项基础设施和服务设施的不断完善，逐步实行现居住地的登记管理。在政策提出与完善的同时，应加强执行力度以确保落实，移民人口管理的主要内容应包括出生登记、死亡登记、迁出登记、市内外迁入登记等。对于社区流动人口，即暂住人口——常住户口不在其生活所在地，外来经商办企业、探亲、旅游，从事劳务或生产经营并以此谋取职业，年满16周岁，在暂住地居留超过三日的人员——其来源广泛、成分复杂，流动性强，应建立健全日常管理网络机制，对流动人口实行分类管理：正常分类、临时分类和重点分类。在管理过程中，应注意民生所需、权益保障和社会关怀，把流动人口管理纳入社区信息化管理体系。随着信息化的不断发展，社区人口的信息化管理也为时代所需，宜面向常住人口、暂住人口、外来人口建立不同类别的数据库，统一建成具备查询、分析和统计等功能的人口信息管理系统，从而促进社区人口管理的高效化。此外，还应重点监控和管理可能存在的少数高危人群，当地派出所和管委会综治办应将辖区内的"两劳"刑释解教人员、迷信邪教人员、精神病患者等登记在册，并关注抵触情绪强烈的移民，及时了解情况，安排专人负责帮扶教育。

物的管理。对于移民，这里的"物"，不仅指其个人或家庭所有的财物，还应包括公有财物，如社区剩余住房、原集体公有财产、库区剩余林地等。涉及遗留问题的，有关责任主体应在保证一定的移民参与程度的条件下，尽快出台应对办法及政策措施。涉及流动人口的,应着重加强对社区房屋出租的管理——出租房屋,尤其是违法违规出租房屋,可能会无序聚集大量的流动人口,易滋生违法犯罪活动,甚至形成地方黑社会势力,因而对地区社会治安构成极大威胁。宜考虑"以房管人"——在摸底调查的基础上逐步建立同城房屋租赁信息数据平台,从根源处堵住可能的管理漏洞。

维护社会公共安全,应加强社会治安综合治理,即在党和政府的统一领导下,由公安政法部门牵头,组织多方力量,综合运用政治、行政、法律、经济、教育、文化等多种手段,通过预防、教育、打击、管理、改造等多重面向的工作,从根本上加强对违法犯罪行为的治理,积极化解可能存在的不安定因素,以维护和促进地方社会治安的持久稳定。

第三节 基础环境服务及管理

基础环境服务及管理可以从公用事业服务管理和医疗卫生服务管理两方面展开。

公用事业是指具有各企事业单位和居民共享的基本特征,服务于城镇生产、流通和居民生活的各项事业的总称,是城市经济和社会发展的载体。市政公用事业服务直接关系社会公共利益,关系移民安置后的生活质量,关系移民进一步的可持续发展。对于城镇化安置的移民,安置地应切实提供与移民需求相对应的市政公用事业服务。移民在这方面的需求主要包括社区水电气热的供应、垃圾处理、交通出行的保障等。最小化供需矛盾,要求地方政府创新机制,提升服务质量与水平,保障移民日常生活中水电气热及交通等的服务供给。这方面的工作主要包括:明确各级政府职能,加强社区协作,提高服务效率,减低服务成本,引入市场化竞争机制,促进经济发展;鼓励社会组织和民间力量参与提供服务。

医疗卫生服务是有关部门向居民提供的医疗、预防、保健、康复等各种服务。移民的医疗卫生服务应以社区为中心,保证一定范围内的可及医疗设施、医护人员的质量和数量。在政府领导、社区参与、上级卫生机构指导下，以基层卫生机构为主体、全科医师为骨干，合理使用社区资源；以人的健康为中心、家庭为单位、社区为范围、需求为导向；以社区公共场所环境卫生的维护为支撑；以妇女、儿童、老年人、慢性病人、残疾人、贫困居民等为服务重点；以解决社区主要卫生问题、满足基本卫生服务需求为目的，融合预防、医疗、保健、康复、健康教育、计划生育技术服务等功能为一体，使其有效、经济、方便、综合且连续。

第四节 文化教育服务

对于城镇化安置的移民，其文化方面主要的问题是移民之间的文化适应与移民和安置区城镇居民的文化整合。在我国西部，如云南、贵州、广西等省区，少数民族较多，如楚雄青山嘴水库移民所在的栗子园社区，就有来自汉族、彝族、回族等11个民族的居民。因而，不同民族移民之间的相互尊重、文化适应，对于搬迁安置就成为一个重点问题。农民与市民文化的整合，是一个农民市民化的过程，可以借鉴失地农民进城、城中村改造等方面的经验。在教育方面，应以思想道德、文明、法制等的宣传教育为主。

考虑到移民群体的复杂性，可以按照年龄将其划分为三类，即儿童及青少年、成年劳动力、老年人，可根据不同类别群体的特点，辅之以不同的文化教育服务。

儿童及青少年方面。对于学前儿童及义务教育学龄儿童，应为之提供适当的学前教育及与搬迁前教育相衔接的中小学教育，要保持教学供给与学生受教育需求的平衡，以保证移民学子与原安置地学子平等有序分享教育资源；考虑到城乡教育水平存在差异，应综合各方力量，促进移民学子尽快尽好地适应城市教育水平，并适时为其提供心理辅导或帮扶。

成年劳动力方面。应注意提升移民的就业意识，积极为之提供合理可行的职业技能培训，为其进行法律普及教育，并为具备外出务工条件及意愿的移民提供知识和能力宣讲服务。提供服务时要考虑移民年龄及性别的差异。对于青年移民,可以主要为其提供满足第二、三产业就业需要的中短期职业技能培训,结合其自身意愿,为其提供本地就业或劳务输出的便利条件;对于中年移民,则主要考虑为其本地就业提供技能培训和便利条件。对于男性及女性移民的差异性,应在培训内容及年龄段划分等方面有所体现,以提供更契合移民心意及就业需要的就业服务。

老年人方面。一是结合移民特点和老年人特性,开展心理适应及生活适应辅导教育服务,如介绍城市生活、地方文化及提供心理茶吧等;二是提供养老方面的教育服务,如开展养生系列讲座、引入老年大学等。

第五节 就业与社会保障性服务

移民生产生活的恢复与提高是移民安置工作的重要目的。由农村进入城镇的移民,面临农村生计方式向城市生计方式的转型,因此,移民离开土地后的重新就业问题不容忽视。

栗子园社区安置的移民在搬迁之前大多依托土地从事种植业和养殖业,少部分青壮年外出务工。离开土地之后,移民离开了原本赖以生存的生产资料。尽管安置补偿及扶持补助费在一定程度上为移民解决了基本生活的后顾之忧,但他们还是需要尽快寻找并落实新的生计方式,以提升生活品质,尽快融入城镇。进入城镇生活,意味着移民需要通过第二、三产业谋生。移民劳动力作为生产主体,可以基于自身生产能力的不同而建立不同的生产关系。根据年龄、性格、性别、受教育程度、经历和文化背景等的不同,移民应在政策框架内参与并享受就业帮扶,以快速完成生产转型。

一般而言,为了减弱项目对移民的负面影响及规避潜在的致贫风险,地方政府与项目业主有促进移民就业的责任与义务,可以通过提供技能培训、拓宽就业渠道和鼓励创业等方式切实帮扶移民就业。青山嘴水库移民安置政策明确了促进移民生产转型的四种方式:一是通过技能培训推动劳务输出;二是以社区为中心创造就业岗位;三是基于地方产业发展的需要提供就业机会;四是鼓励移民自办企业、集体创业。

对于由农村进入城镇的移民,应在户籍性质转换的基础上,依法依规为其提供一系列的城镇社会保障,主要内容如下。

社会保险,涉及养老保险、失业保险、医疗保险、工伤保险和生育保险,资金主要来源于用人单位和劳动者个人的缴费,政府给予补助。城镇化安置的移民主要面临的是新型农村合作医疗保险向城镇居民医疗保险、新型农村社会居民养老保险向城镇养老保险的转换,有关组织及个人应充分宣传、学习,基于自愿原则,积极有序地开展移民社会保险的转换工作。

社会互助,是在政府鼓励和支持下,社会团体和社会成员自愿组织和参与的扶弱济困活动,具有自愿和非营利的特征。其形式主要包括:工会、妇联等群众团体组织的群众性互助互济,如栗子园社区管委会与当地大中院校共青团等合作组织的面向社区学龄儿童的一对一帮扶等活动;民间公益事业团体组织的慈善救助;移民及周边居民自发组成的各种形式的互助;等等。

社会救济,是对生活在城镇低保标准以下的低收入者或者遭受灾害的生活困难者提供无偿物质帮助的一种社会保障制度。对于安置在栗子园社区的移民,其20年长效补偿标准已高于地方低保标准,因而暂不需要社会救济。

第六节　社区建设及自我服务

社区建设,可以视作加强社会管理的切入点或基础路径,是指在党和政府的领导下,依靠社区力量,强化社区功能,解决社区问题,促进社区政治、经济、文化、环境协调健康发展,不断提高社区成员生活水平和生活质量的过程。

对于移民城镇化安置社区,其社区建设应本着以人为本、服务居民、资源共享、共驻共建、责权统一、管理有序、扩大民主、居民自治、因地制宜、循序渐进等原则,充分结合社区居民由农村进入城市的特点,立足于移民需要面对的身份、经济和社会等多重转型,逐步有序地促进并完成移民的城镇化转变。这对移民社区的定位、结构、规范及其管理等提出了不同于一般城镇社区的新要求。社区不仅是移民生产生活的重要场所，也是移民社会管理的重要载体。不仅要在硬件上加强移民社区的基础设施建设，还应注意软件上的社区服务及社区文化等建设。社区建设的主要内容包括：拓展社区服务、发展社区卫生服务、繁荣社区文化、美化社区环境、加强社区治安。

社区各类自治组织的服务对象主要是社区居民。开展社区自治的最终目的是提高社区自我服务的能力和水平以及居民自我服务的能力和水平。社区自我服务是社区自治区别于社区管理的最重要特点，即社区组织根据社区居民意愿形成集体依法管理社区事务，包括中央和地方政策法规与标准的贯彻落实、社区管理与城市管理的对接、社区代表的履职监督，以及社区内部管理、服务和教育等。社区自我服务应以人为本，重视居民参与。对于移民城镇化安置社区，需要注意农村社区向城市社区的转型，应首先引导移民转变意识，为积极开展自我服务奠定基础。

对于社区自治，应发挥好社区成员代表大会和议事协商委员会的作用，在党总支的领导下实行议行分设，开拓民意表达渠道，充分发挥"两会"审议各类规章制度、居委会工作报告以及讨论、决定、监督重要公共事务等职能，这既有利于居民对居委会的监督，也有利于民主决策。依托移民社区"楼层长"制度，发挥单元作用，逐步开展自治，并营造自治环境，培育移民自治意识。在实际的社区服务工作中，要提升社区服务档次，必须拓宽社区服务参与渠道。着力开发一批贴近移民、贴近生活、能满足移民多元化需求的服务项目，使社区真正具备服务、管理、文化和保障四大综合功能，从而切实提高移民素质和社区的文明程度。同时，要大力培育社区服务和中介组织，不断整合社区资源和力量，实现社会效益和经济效益的"双赢"。

移民的自我服务，主要包括三方面内容：一是对那些旨在提高居民生活质量的服务，如社区保洁、物业管理、家政、驻区单位后勤保障以及其他各类便民中介服务，应引入市场化经营机制，采取自主经营、自负盈亏的企业形式；二是对那些不具备企业条件的服务实体，如老年公寓、社区医疗卫生服务站、活动中心等，应引入企业化运作模式，将其纳入民办非企业登记管理范畴，实行民办公助，逐步做到自收自支；三是对纯公益性、福利性的服务，如对弱势群体的福利性服务、思想道德建设、文化教育服务、信息咨询服务和精神文明建设等，应积极争取政府有关部门的帮助、指导和扶持，不断提高其服务质量。

第九章
水库移民城镇化安置
社会风险及其管理

第一节 水库移民城镇化安置的社会风险识别及其评价体系

水库移民城镇化安置的社会风险是由各利益相关者之间的冲突关系形成的,在整个移民城镇化安置进程中会起到阻碍作用。因此,需要认真分析水库移民城镇化安置过程中可能存在的不利因素,对潜在的社会风险进行识别,分析各类社会风险存在和可能发生的原因并判断潜在社会风险的状况。对水库移民城镇化安置社会风险的识别应当综合分析、全面考虑,并采取定性与定量相结合的方法。首先通过查阅大量的相关文献,建立水库移民城镇化安置社会风险的风险项目及其指标要素的体系框架,分析社会风险产生的原因并关注原因的多样性、可控性;然后分析水库移民城镇化安置社会风险的潜在性,根据风险的潜在程度将其划分为四种类型——非常可能、比较可能、可能和不可能。最后根据社会风险发生的原因、影响因素、发生的可能性等综合考虑,提出具有针对性的规避措施以化解风险。

一 社会风险的类型

1. 政策性风险

政策是国家政权机关、政党组织和其他社会政治集团为了实现自己所代表的阶级、阶层的利益与意志，以权威形式标准化地规定在一定的时期内，应该达到的奋斗目标、遵循的行动原则、完成的明确任务、实行的工作方式、采取的一般步骤和具体措施。因此，政策是水库移民城镇化安置能否顺利实现的基础。然而政策的制定与实施往往在时间上存在前后性，因此政策存在的时效性、差异性等都会给水库移民安置工作的进行和水库移民问题的处理带来一定的困难。同时，每个工程项目都有自身的特点，在移民工作实施过程中根据项目的实际情况制定相应的政策，不仅是对政府行政能力的考察，也是对移民基本权益的保障。如果政策环节出现了问题，将导致整个移民安置工作的瘫痪，因此政策性风险不可忽视。

(1) 产生的原因

第一，政策的差异性。不同时期、不同地域、不同工程都有可能影响移民政策的制定和实施，造成移民政策的差异性。这种差异性往往表现在补偿标准和安置方式上，如我国水利水电工程法规有1991年颁布的国务院74号令和2006年颁布的国务院471号令。1991年2月，国务院颁布了《大中型水利水电工程建设征地补偿和移民安置条例》，第一次以行政法规的形式，对大中型水利水电工程建设征地和移民的管理、合理使用土地、妥善安置移民进行了统一和规范，这标志我国新时期水库移民政策的形成。2006年7月，国务院颁布了《大中型水利水电工程建设征地补偿和移民安置条例》，这标志我国水库移民政策在新的历史条件下不断成熟和完善。由于2006年颁布的《大中型水利水电工程建设征地补偿和移民安置条例》大幅度地提高了移民补偿和安置的标准，经历了移民政策变化的移民就会对此产生质疑，如果对同一地区不同阶段的水库移民不依照同一标准进行补偿就很容易造成移民之间的攀比与不满，进而引发冲突甚至群体性事件。

现阶段我国水利水电工程建设征地拆迁补偿标准普遍低于公路和铁路建设征地的补偿标准，特别是有些村庄，农民的土地被不同类型的工程征占，补偿标准各不相同，不同工程补偿标准之间形成鲜明的对比，水利水电工程较低的补偿标准引起移民不满。对于被征地农民来说，无论是公路建设还是水利水电工程建设,最终的结果都是他们失去了土地,因此,在可能的范围内,他们会争取利益的最大化,希望补偿标准高的工程征用他们的土地。

大型水利水电工程建设征地和移民安置有时会涉及不同的省份,由于省份地域的差异补偿标准也会不同,出现同库不同策的问题。如贵州省属于西部省份,根据西部大开发战略等享受国家相关优惠政策,而与贵州省相邻的湖南省则不享受西部大开发的相关优惠政策。同一水库工程,当贵州省利用优惠政策对移民进行帮扶时,湖南省的移民认为同样作为移民应该享受同等政策,这就引发了矛盾,给移民工作带来阻碍。

第二,移民政策宣传的广度和深度。群体性事件发生的一般过程为:事件诱因—流言传导—群众参与。除了对补偿标准不满意外,移民上访更主要的原因是对政策不了解,往往断章取义或者对获取的信息不加甄别判断。

移民了解政策的方式有各级政府宣传、电视、报纸、网络和日常闲聊等,其中,政府宣传和日常闲聊是移民了解政策的主要途径。由于青壮年劳动力大多外出打工,移民家中多数剩下文化水平相对较低的老人、妇女等,这些人无法对移民政策进行较好的理解,大多数移民对相关政策处于一知半解的状态。

移民政策的宣传主要依靠的是基层移民工作人员。限于经费、人力以及移民工作人员自身对政策理解的程度等多方面因素,政策宣传的广度和深度都不理想,既难以使移民全面把握移民政策,又无法及时准确解答移民对于政策的困惑。这也造成移民断章取义地理解政策,使信息在传播过程中再次"失真"。不明真相的移民遇到感觉不合理或不公平的问题时容易受到鼓动,做出过激行为。

第三,补偿安置政策与移民诉求矛盾。政策的制定往往要综合考虑政策的衔接性、当地社会经济状况、实施成本、移民安置需求、移民意愿等多重因素,还要在内容上兼顾整体利益并保障政策的可执行性。而移民受征地拆迁的影响,将面临收入降低、生活成本增加、就业困难、发展存在风险等问题,其对政策的期望和要求往往会比较高,甚至超出实际,因此,有时移民补偿标准和安置政策的内容会与移民发展需求之间产生差异和冲突，容易引发移民心理上的不满和抵制情绪，使移民安置工作的开展受到阻碍。如果补偿标准过低，保障不了移民的合理需求，就会增加移民的经济负担，从而降低移民的生活水平，这必然会引起移民的不满，引发矛盾和冲突。

另外，移民对政策的接受程度直接影响搬迁和安置的进度。如果接受程度较低，不但会阻碍移民搬迁和安置的实施进度，而且长时间的拖延还会大幅度增加移民、业主单位的搬迁和安置成本。

（2）风险的特点

由于政策的宣传是一个持久的过程，政策的执行也是稳定的，因此政策性风险会比较长期地持续存在，但会随着政策的执行贯彻和补偿标准的逐步落实而逐渐减弱，并在加大宣传力度和丰富解释手段的基础上，逐步得到化解。

（3）规避风险的措施

针对不同时期、不同地域、不同工程移民政策的差异性做好宣传、解释、说明工作，让移民了解政策差异性的根源所在。对于不同工程的移民政策，要对移民说明工程建设性质的不同，争取获得广大移民的理解和支持。要不断完善国家移民法规，对于不同地域移民政策，要尽量做到同库同策，避免同一时间、为同一工程搬迁的移民因政策不同而产生攀比心理。为避免政策差异性产生消极影响，最好由具有丰富群众经验及熟悉移民政策的工作人员在移民村召开大会，现场讲解，现场解答。

规范政策执行程序，加强政策执行力度，确保政策落实到位。对于涉及移民工作的有关政策规定的解释，必须以政策法规为依据。对于移民工作中遇到的新问题，谨慎研究解决途径，能够做到现场答复的要现场答复，把握不准的，要研究解决。同时，要严格规范政策的执行程序，特别是基层工作人员，要在熟知政策的基础上，严格执行，将政策落实到位，做到言必行，取得移民的信任。

加强政策宣传的力度，确保政策宣传的广度和深度。对于政策知晓率的问题，考虑到移民工作的政策性非常强，必须严格按规程规范办事。移民工作人员要做到切实掌握移民政策,把移民政策学深、学透、学懂。根据移民的文化特征和年龄结构,选择适宜的方式进行政策讲解。建议以村为单位,采用公告方式宣传移民政策,同时在县、镇安排工作人员,专门负责解答移民的政策咨询。

为避免政策与移民诉求矛盾产生的风险,要对移民进行深入的政策宣传和解读,使其了解政策的内涵和要点,真正读懂政策。要重视移民的合理诉求,及时梳理移民反映的问题和提出的要求,客观分析其需求的合理性,对合理需求和不合理需求进行分类,在合规、合法、政策允许的范围内,对移民提出的合理诉求进行及时解决,提出解决方案,并对解决效果进行反馈。

2. *经济贫困风险*

经济贫困风险的发生主要是因为搬迁过程中移民经济资本、社会资本的损失。移民在短时间内难以恢复原有的经济水平和重建新的社会关系网络结构。在发展的过程中,部分移民自身没有能力把握发展的机会。

水利水电工程建设影响地的农民多数以农业种植和家畜养殖维持生计,受工程建设和库区蓄水影响,移民赖以生存的土地被征收或占用,居住的房屋被拆迁或淹没,其主要的经济来源被切断,生产生活方式被迫转变,基本生存保障受到严峻挑战。同时,由于多数移民文化水平和技能较低,在被迫迁移后其就业能力不足导致收入水平大幅度降低。此外,搬迁进入城镇后,移民的身份也随之转变,生活成本、建房成本等都急剧增加,收支差距扩大且补偿金不足,移民家庭容易出现经济困难。在经济困难发生的同时,其社会关系网络受到破坏,原有的社会支持系统不得不瓦解和重组,这种经济困难伴随着保障性措施的不完善,很容易诱发经济贫困风险。

(1) 产生的原因

第一,移民家庭收入水平降低。土地是农民赖以生存的生产资料,在目前农村社会保障制度不健全和保障力度薄弱的情况下,土地起到了"生存保障的功能"。失去土地必然导致农民家庭收入的减少,不仅使其失去了直接的经济来源,还失去了从土地获取其他收益的机会。移民过去利用土地进行家畜养殖,如养牛、养猪、养鸡等,这些养殖虽然不是其经济收入的主要来源,但却能够增加其基本生活收入,满足日常生活需要。征地搬迁使移民失去土地,减少了移民在家畜养殖等方面的收入。土地资源的丧失直接导致移民生产资料的丧失,进而降低移民家庭收入。

第二,移民生活成本和压力增加。进入城镇以前,移民的主要经济来源是农业收入和打工收入,其基本生活所需,如粮食、蔬菜、肉蛋等,可以通过自给自足的农业生产予以解决。然而,土地的征收征用以及农村移民城镇化使得移民失去全部土地,日常所需的生活资料基本要全部到市场购买,这些支出在移民家庭总支出中的比例增大。同时,由于安置地位于城镇,物价水平高于农村移民原居住地的物价水平,这也增加了移民家庭的生活支出。

土地的失去带来家庭收入与消费模式的转变,移民原有的自给自足的模式被打破,移民家庭从一个以生产功能为主的单位变成一个以消费功能为主的单位。国际上惯用恩格尔系数来反映家庭的生活水平,即食物支出占家庭总支出的比重越大,家庭的生活水平越低。从这一点来看,在未来的很长一段时间内,移民的食物支出占家庭总支出的比重有增大的趋势,移民的生活水平可能呈下降的趋势。同时,移民家庭在日用品方面的支出也会逐渐增加。生活成本的全面增加将会加重移民家庭的生活压力,造成移民生活水平的下降。

第三,移民就业和劳动力转移困难。移民的文化程度及工作经验影响移民在城镇化安置后的重新就业。搬迁以前,移民依靠土地维持生计;搬迁之后,移民安置成功的重要保障是实现劳动力从农业向非农产业的转移。这不仅关系到移民家庭收入水平的恢复,更关系到因失去土地而产生的大量富余劳动力的妥善安置,一旦处理不好,可能影响社会稳定。

从现实来看,移民就业困难主要受以下几个因素的影响:第一,教育水平较低。移民前,大部分移民的主要工作是务农,且大多数移民的文化程度处于初中和初中以下,因此文化水平偏低成为移民再就业的一大障碍。第二,职业技能低下,同时缺乏外出务工经验。由于移民过去主要从事农业生产，习得的是农业生产技能，缺少非农业劳动技能，除一些年轻人之外，大部分移民并不具有外出务工的技能，当他们不得不放弃农业生产转而外出务工时，难以满足城镇化就业岗位的需要。在劳动力市场中，移民的竞争力弱，只能在二级劳动力市场寻找"低层次、低收入、低技能"的职业，这些职业一般为体力劳动，劳动强度大。第三，传统观念制约移民外出就业。库区一般处于多山地区，交通不发达，当地农民生活圈子小，由于对外界社会不了解，再加上受风俗习惯等因素的影响，当地农民外出务工的主动性不强。在外出打工的人口中，主要以年轻人为主，中老年农民较少。另外，由于长期补偿满足了部分移民的基本生活需求，因此这部分移民从土地上脱离后外出就业的意愿较低，留在当地成为闲置劳动力。第四，原有的生活模式导致移民就业困难。在以土地耕作为主的生活模式中，移民生活节奏较慢，而外出打工生活的纪律性、时间性较强，移民短时间内难以适应职业转换。第五，从就业环境上看，本地的就业市场对当地劳动力的吸纳能力不足，无法容纳大量的劳动力，而异地就业对于缺乏经验和竞争力的移民来说更是困难重重。

第四，不良的生活习惯和理财观念。由于水利水电工程影响区多数地处西南山区，该地区人口文化水平偏低，生活观念相对落后。补偿安置使得移民在短期内获得了一笔可观的资金，这可能导致库区移民出现一些不良的生活习惯，如喝酒、聚众赌博等。在原有的以粮食为收入载体的情况下，移民手头的现金往往较少，家庭成员可以相互制约，这种状况无形之中制约着不良习惯的扩散。然而，在给予移民长期补偿或一次性货币补偿的情况下，移民能获得较多的补偿金，这些补偿金多被男性移民掌握，如果个别移民的不良习惯不能得到有效控制，可能会引起连锁反应，导致移民补偿资金不能被正确使用，进而影响移民家庭正常的生活生产秩序。移民手中大量闲置资金可能引起赌博等不良习惯的蔓延。此外，移民短期内获得相对较多的补偿金，可能会引起攀比现象，购买超出自己实际能力的消费品，例如汽车等，这在年轻移民中发生的可能性相对较大。不良的消费方式和理财观念导致移民可能会在短期内将大量的补偿安置金挥霍一空，造成恢复改善生产生活的资本投入不足，缺少生产发展资金，由此导致的生活困难不仅有可能使移民陷入贫困，严重时还有可能导致犯罪的产生。

(2) 风险的特点

从风险发生的可能性看，移民贫困风险的发生有一定的必然性；从风险的影响范围看，该风险造成的影响范围和涉及群体较为广泛，在移民当中存在普遍性；从风险的持续性看，经济贫困风险需要较长的时间通过必要的政策手段和有效的保障、优惠措施逐步进行化解；从风险解决的投入看，预防或者解决贫困风险需要较多的人力、物力。

(3) 规避风险的措施

对于实行城镇化安置的移民来说，失去土地等生产资源已成为事实，只有通过转变生产结构、丰富收入来源才能够从根本上解决收入降低的问题。充分利用库区移民政策，进一步扩大库区对外开放，结合库区企业迁建和基础设施建设，积极调整库区经济结构，培育新的经济增长点，大力发展第二、三产业，扩大就业门路，开展多种多样的就业形式，如政府机关部门包保就业、产业开发扶持就业、创业扶持就业、劳务输出就业、公益性岗位就业、自主创业就业等。搞好企业、个体工商业再就业，对移民剩余劳动力尤其是青壮年移民，强化技能培训，大力拓展创业培训，进一步搞好移民的就业服务，优化就业环境。根据就业市场和工程建设的劳动力需求，大力培育非农就业岗位，把解决移民再就业问题同工程建设和乡镇的绿化、环保、卫生、交通、便民服务等事业结合起来，促使移民实现再就业。

在政策支持方面，切实落实移民安置的补偿政策，努力帮助移民解决生产生活中的实际困难，引导移民勤劳致富，确保移民安置稳定。对特别困难的搬迁户应协助村干部、组织群众帮工投劳，并为搬迁后的贫困户制订发展规划，做好扶持工作。扩大对移民后期扶持的广度和强度，并在尊重移民意愿的基础上灵活有效地对扶持方式进行选取，积极争取各种项目优惠政策，带动当地经济发展和劳动力就业。

健全和完善移民保障体系，做好移民的各项扶贫与救济工作。面对移民生活成本和压力增加的现象，各方不但要清晰认识、高度重视该风险问题，同时各级政府和扶贫、民政等部门要加大库区扶贫和民政救济工作力度，将城镇移民困难户与农村移民困难群体纳入扶贫和民政救济的范围，在最低生活、基本养老、重大疾病保障等方面给予政策照顾，尤其要把特困移民纳入最低生活保障范围，对身患重病的移民给予医疗费补助。

保证按时、足额发放移民补偿金，为移民生活恢复提供保障。移民生产方式由第一产业向第二、三产业转移的过程需要一些资金的支持，能够支持其生产方式转移的资金完全依赖于补偿金。因此，按时、足额发放移民补偿金是保障移民基本生活的重要因素，同时也是降低移民经济贫困风险的必要途径。

虽然由不良生活习惯和理财观念产生的风险目前尚未广泛存在，但也要做好预防工作。地方政府应加大宣传引导力度，帮助移民树立正确的消费观，避免移民之间互相攀比、超前消费，改正部分移民的酗酒、赌博等恶习。建立警民联合中心，对赌博、诈骗等违法犯罪行为坚决予以打击，保障移民的生命财产安全。此外，地方政府应正确引导并指导移民使用补偿金进行合理的投资，减少盲目和浪费的投资，并建立联动的监管体制，切实有效地对移民资金使用进行监督。

3. 资金风险

移民安置资金使用与管理的规范性既是移民安置工作顺利实施的保障，也是移民征地拆迁后生活生产恢复发展的保障。同时，移民安置补偿金兑付的及时性、逐年增加移民生活补助金的稳定性、移民发展资金的有效性、移民资金使用的合法合规性、移民资金管理的严密性等都制约着移民安置工作开展。因此，资金风险的存在是普遍、客观的，每一个项目建设都面临资金风险。

（1）产生的原因

第一，移民安置投资费用增加。目前水库移民的投资预算主要按照新农村建设的标准进行规划。对水库移民进行城镇化安置必然加大投资费用，如生活补助费用、基础设施建设、建设用地的成本和移民后期扶持等需要一大笔资金，这容易造成移民投资超出预算。第二，临时性费用增加。

（2）风险的特点

移民资金的使用和管理具有很强的政策规范性。现行的移民资金管理制度相对比较完善，移民资金运行与管理的风险在于资金发放的及时性、资金使用的合理性。在保证资金安全的情况下，简化资金审批手续，保障长期补助金的增长与物价上涨基本保持一致，移民资金引发的社会稳定风险是可以控制和化解的。

（3）规避风险的措施

按照移民补偿金兑现快捷、安全的原则，结合补偿金兑现工作的实际，进一步健全完善移民资金审批、兑现管理制度，严格按照移民资金封闭运行的规范要求，确保移民资金兑现及时、运行安全。移民资金由县移民机构负责统一管理和安排使用。乡（镇）移民资金实行报账制，即县移民局按国家审定的移民任务和补偿补助标准及资金投资概算和乡（镇）移民工作进度，预拨一定比例的资金到乡（镇），由乡（镇）移民工作站按审批的项目和补偿补助标准直接兑现给移民。乡（镇）移民工作站凭正式补偿补助单据定期到县移民局报账。这样能保证移民资金及时发放到移民手中。

针对部分移民对长期生活补助政策的疑虑和担忧，县移民局工作人员可以对乡镇、村移民工作人员进行政策讲解，由他们向移民进行长期生活补助政策的宣传。宣传内容应当包括长期生活补助政策的内容、长期生活补助资金的来源、长期生活补助资金的发放与协议签订。政府应加大对长期生活补助政策的宣传力度，广泛深入地宣传长期生活补助的作用和意义，让移民充分了解长期生活补助的机制，保障移民的合法权益。

另外，应根据实际物价变动、产量水平、经济政治等因素的综合影响，适时确定长期生活补助标准并及时公示，让移民清晰了解长期生活补助的标准，减少其疑虑，增强其恢复生活和发展的信心。同时，做好移民后期扶持政策的宣传解释工作，加大后期扶持力度，结合移民实际需求选择扶持项目，发挥项目建设的经济效应和社会效应。

4. 机制建设风险

移民管理机制建设的合理性、全面性、有效性以及移民工作人员的工作能力和效率等往往会成为影响社会稳定的风险因素。受影响地区以及安置区的公众参与的广度和深度、移民申诉机制的完善程度、维稳机制建设的全面程度、突发事件的应急处理能力以及移民工作的监督体系构建等也影响移民管理的效果，一旦其中一个环节出现漏洞或问题，就有可能造成移民不满，进而引发移民冲突甚至群体性事件。

(1) 产生的原因

第一，公众参与和移民申诉机制建设的不完善。移民是征地安置中最主要的一方利益主体，公众参与机制的完善程度决定了移民参与的广度和深度。一方面，公众参与不全面、不彻底会导致移民对政策的知晓率低，甚至对移民政策进行错误的解读，同时，移民的真实意愿得不到表达会导致移民政策的制定和实施满足不了移民切实的利益需求，这种偏差很容易引发移民的不满情绪。另一方面，申诉机制的不完善使移民无处寻求解决问题的途径，移民的问题无法得到及时处理和解决，将进一步激化矛盾，引发群体性事件。资金、设备不足以及工作人员专业性不强都会造成移民参与机制和申诉机制建设的不完善，会成为及时有效解决移民问题、减少甚至避免群体性事件发生的障碍。

第二，社区突发事件预警机制和社区维稳体制建设的不完善。乡镇政府是移民维稳工作的主要承担者，需要其投入较多人力。但是目前乡镇综治中心、派出所人员配备相对不足，特别是在处理较大的移民群体性突发事件时，各部门工作压力大。大部分基层工作人员并非专职人员，而是由临时人员兼职，他们经过简单的培训后直接上岗，在移民政策、业务和工作方法上有一定的欠缺；部门之间移民工作衔接存在问题，工作中出现顾此失彼的现象，且在遇到重大移民问题和事件时无法及时解决，导致移民不满情绪上升和矛盾激化，这不但使问题的处理难以完成，还对综治维稳的效果产生消极的影响。

第三，社会治安和维稳机构设置与实际工作需求不匹配。社会治安和维稳机构是移民安置社会稳定风险控制的主要职能部门之一,其在风险的预防、控制与化解上发挥至关重要的作用。同时,在移民安置过程中以及在移民安置后的稳定发展过程中,社会治安和维稳工作非常复杂,是一项综合性的系统工程,不仅要投入大量的人力物力,还要通过设置专门的职能部门、机构进行日常事务的管理和监督。不管是对移民安置后的适应而言还是对管理机构的建设和完善而言,农村移民城镇化都是一个长期的过程,在这一过程中,难免会产生各类问题和矛盾,这就要求综治维稳机构做到充分预警、提前识别、及时分析、有力应对。治安与维稳的工作量大,要求高,工作难度也大,一旦处理不好就容易引发移民群体性事件。如果综治维稳机构的设置不能够满足移民安置区社会治安和维稳工作的实际需求,匹配程度有限,就有可能制约移民安置社会稳定风险的预警、控制和化解等。

第四,移民信访问题处理效果和及时性与移民期望存在差距。移民在遇到困难和需要反映问题时,最直接的申诉机构就是基层政府的相关信访机构,这些机构负有及时妥善处理移民信访问题的责任和义务。不少移民并不是非常了解申诉的渠道,即便有所反映,相关部门也往往不能够及时妥善处理,或者处理的结果和移民的期望存在较大的差距,因此移民的抵触情绪较大。另外,也有由于信访机构人员不足、工作人员专业水平不高而造成移民信访问题有时得不到及时跟踪和处理的情况,但有时也会因移民夸大问题、期望过高而导致问题无法得到及时妥善解决。由此可见,移民信访问题的处理效果和移民期望之间的差距会导致移民与政府之间的矛盾和冲突,增加移民对政府机构的不信任,如果矛盾发展到一定程度,则有引发移民群体性事件的风险。

(2)风险的特点

该类风险在加强部门建设、不断完善机制的条件下能够得到有效的控制。当人员齐备、经费充足、移民工作人员专业性强时,发生移民社会稳定风险的可能性就会降低,或者风险能够得到及时有效的控制,否则移民社会稳定风险的可控性就弱。

(3) 规避风险的措施

保证人员配备规模与工作内容、业务数量、任务要求等相互匹配，加强移民工作人员的学习培训，尤其是要加强乡镇一级的移民工作人员的培训，他们是移民工作的主要承担者，也是移民政策的主要宣传者。适当提高基层政府工作人员的工作经费，其工作成绩不仅要与绩效考核挂钩，还应适当与物质奖励挂钩，以增加基层政府工作人员的热情。及时掌握移民信息，对于移民反映的问题和上访等，能够在基层解决的要控制在基层，基层解决不了的要逐级上报，尽可能在基层把问题处理掉。建立基层政府的信息反馈渠道，对于基层政府反映的问题及时给予解答，方便日后工作的顺利开展，不因工作衔接问题造成移民工作的滞后。

5. 社会管理风险

农村移民城镇化安置是移民从农民到市民的转变，移民的生产生活方式都发生了巨大的变化，其适应新的生产生活方式是一个长期的过程。移民能否尽快恢复生产生活并平稳发展，跟安置后的社会管理的成熟度是分不开的。管理体系不健全不配套，在移民城镇化过程中就会出现管理漏洞，譬如移民的养老、医疗、教育等方面若得不到相应的保障，就将引起移民的不满，成为影响社会稳定的隐患。

(1) 产生的原因

水库移民城镇化安置首先涉及的就是移民户籍的变化，由于城乡二元结构的现实，户籍的变化会引起移民享有的许多相应福利的变化。在大批移民进入城镇的情况下，及时制定完备的相关政策、保障移民切身利益的实现对于维持社会稳定至关重要，这就要求移民部门全面了解移民生产生活的各项需求，使社会管理服务与移民需求相匹配。了解移民需求并提供合理全面的社会服务是一项非常复杂和烦琐的工作，需要大量的人力、物力和财力，是对社区管理机构设置、管理能力和服务水平以及执行能力的严峻考验。若社会保障服务、教育服务、医疗服务、安置社区物业服务等与移民需求匹配程度不高，移民的基本需求得不到满足，就有可能引发矛盾，进而影响社会稳定。

(2) 风险的特点

社会管理涉及移民生产生活的方方面面，随着管理体制的不断完善以及移民对城镇生活的逐渐适应，该类风险发生的可能性会减小。

(3) 规避风险的措施

深入了解移民的需求，制定完善各项社会管理服务政策，建立与之匹配的服务管理体系，提高工作人员专业素质，加强设备配套等方面的建设，使之切合移民的实际需求。注重移民社会保障性服务的落实，帮助移民平稳过渡。在城镇化过程中，社会管理风险会随着管理机制的不断完善而逐渐化解。

6. 社会融合风险

(1) 不同民族、不同宗教信仰移民之间的冲突

水利水电工程移民安置可能涉及多个民族和不同宗教信仰地区，城镇化安置改变了移民原本的生活环境，使移民从相对封闭、自给自足的农村生活转向更具开放性的城镇生活，不同民族的风俗习惯受到外来的干扰，势必会引起移民的不适应，尤其当涉及宗教信仰问题时。受工程影响而搬迁重组的移民，很可能在日常生活中由于有着不同民族、不同宗教信仰的个人之见而发生冲突和矛盾，甚至引发民族团体间的冲突，这些矛盾和冲突如不能得到及时解决将严重威胁社会稳定团结。

(2) 社会网络重构与社会融合出现困难

移民原有的社会网络是根据地缘自然形成的，具有自发性、区域性以及脆弱性等特点。移民搬迁到城镇之后，其生活空间的转变造成了移民原有社会网络的瓦解。移民原住地不仅为其提供生存所必需的土地、自然资源，更涵盖了移民的整个社会关系网络，以及社区建设所必需的社会纽带。在移民进入城镇后，劳动力脱离了土地，向其他产业发展。这使得移民的从业结构发生较大的变化，移民较多地外出就业、经商、从事运输等各种行业。在从业结构多样化的过程中，移民依赖业缘与地缘建立的原社会关系网络逐渐被瓦解，同时，新社会关系网的构成也变得更为复杂多样。

(3) 移民家庭内部关系矛盾不断尖锐

进入城镇后,由于住房条件发生变化,移民家庭由原本的大家庭分解为"父母—子女"的独立小家庭,这同时意味着移民要面临家庭财产分割、养老分担、大家庭关系疏远等问题。这些问题处理不当就可能造成家庭内部矛盾的产生,离婚、老人无人赡养等家庭纠纷会明显增多,不利于家庭的和睦发展。

(4) 移民对"身份"依赖性越来越强

水库移民属于非自愿性移民,碰到什么问题都要政府解决,"等、靠、要"思想严重。这种对身份的依赖影响了移民的自我发展能力,使移民在生产生活恢复过程中难以发挥主动性,过多依赖政府的帮助和救济,造成人力、物力浪费严重。

(5) 社区制度、文化和惯习的适应

非自愿性移民扰乱了移民原来的社会结构,它使得移民原有的人际关系分散,传统的亲疏关系和互帮互助的社会体系以及融洽的初级社会关系网被破坏。移民活动不会对家庭关系产生很大影响,但是其他的初级社会关系将解体,既有的提供日常生活互助的组织和关系遭到破坏,村庄的权力和管理系统失去作用,与过去的联系在实物上被切断,一些文化的标志物和宗教信仰的象征物也消失。移民由于社会关系解体而遭受的社会成本的损失,常常在项目中没有得到考虑,移民也没有获得赔偿,而这种损失会产生长期的影响。有学者指出,"所有代价中最大的是人们熟悉环境中的人际关系的疏远,而要到一个陌生环境中去面对新的社会经济的不确定性"。

(6) 自然环境和居住环境的适应

对水库移民实行城镇化集中安置,移民赖以生存的自然环境和居住环境必然发生很大的变化。在搬迁之前,移民生存的自然环境和居住环境一般具有依山靠水的特点,空气较好,而且外界对其生活的干扰也比较少。但在搬迁之后,移民生活在城镇,很难享受到原来生活在库区时的风景风光,外界对其生活的干扰也比较大。因此,自然环境和居住环境的变化使移民对城镇生活可能产生一定的不适应心理。

总之,由"移民"变"市民",让移民融入城市生活,逐步淡化移民身份,由"特殊市民"变"普通市民",将是一个长期复杂的过程。而这一过程涉及众多问题,首先是移民的观念要转变,要加强文明教育、法制教育、道德教育、感恩教育等。其次是移民素质提升,必须开展科技培训、技能培训、文化培训等。教育和培训的实施是对基层管理工作人员的考验,移民向普通市民转变得不好、不快都将对社会稳定造成很大的影响。

二 社会风险评价

1. 社会风险评价指标体系

评价水库移民城镇化安置的社会风险可采取召开座谈会、问卷调查和重点访谈等形式进行,在广泛征求基层组织、移民、安置区居民等相关各方意见和建议的基础上,识别出社会风险类别及其影响因素,从而建立评价指标体系(见表9-1)。要对获得的资料和调查访谈结果进行整理、归纳和分析,判断风险发生的潜在性,并结合有关社会风险评价的资料文献对水库移民城镇化安置的社会风险进行等级评定。

表9-1 水库移民城镇化安置社会风险评价指标体系

风险类型	影响因素
政策性风险	政策差异性
	移民政策宣传的广度和深度
	安置政策与移民诉求矛盾
经济贫困风险	移民家庭收入水平降低
	移民生活成本和压力增加
	移民就业和劳动力转移困难
	不良的生活习惯和理财观念
资金风险	移民安置投资费用增加
	临时性费用增加

续表

风险类型	影响因素
机制建设风险	公众参与和移民申诉机制建设的完善程度
	社区突发事件预警机制和社区维稳体制建设的完善程度
	社会治安和维稳机构设置与实际工作需求匹配程度
	移民信访问题处理效果和及时性与移民期望存在差距
社会管理风险	社会保障性服务与移民需求匹配程度
	教育服务提供与移民需求匹配程度
	医疗服务提供与移民需求匹配程度
	社区物业服务提供与移民需求匹配程度
	社区文化娱乐服务提供与移民需求匹配程度
	社区管理的水平与能力
	社区管理机构的执行能力和服务能力
社会融合风险	不同民族、不同宗教信仰移民之间的冲突
	社会网络重构与社会融合出现困难
	移民家庭内部关系矛盾不断尖锐
	移民对"身份"的依赖性越来越强
	社区制度、文化和惯习的适应
	自然环境和居住环境的适应

2. 社会风险评价与等级评定

（1）风险潜在性评价

根据《水库移民城镇化的社会风险识别调查问卷》的统计数据，分析各个风险评价指标因素在各类风险中发生的可能性，据此整合出各类风险的潜在性（见表9-2），并结合实地调研的一手资料，对识别出的各类风险进行潜在性分析，根据潜在性大小对各类风险进行定性的排序，得到风险发生的潜在性分布情况（见图9-1）。

表9-2 各类风险潜在性分析

风险类型	影响因素	可能性	潜在性
政策性风险	政策差异性	47.50%	51.67%
	移民政策宣传的广度和深度	52.50%	
	安置政策与移民诉求矛盾	55.00%	
经济贫困风险	移民家庭收入水平降低	55.00%	53.75%
	移民生活成本和压力增加	60.00%	
	移民就业和劳动力转移困难	67.50%	
	不良的生活习惯和理财观念	32.50%	
资金风险	移民安置投资费用增加	55.00%	52.50%
	临时性费用增加	50.00%	
机制建设风险	公众参与和移民申诉机制建设的完善程度	45.00%	47.50%
	社区突发事件预警机制和社区维稳体制建设的完善程度	55.00%	
	社会治安和维稳机构设置与实际工作需求匹配程度	40.00%	
	移民信访问题处理效果和及时性与移民期望存在差距	50.00%	
社会管理风险	社会保障性服务与移民需求匹配程度	55.00%	46.79%
	教育服务提供与移民需求匹配程度	40.00%	
	医疗服务提供与移民需求匹配程度	52.50%	
	社区物业服务提供与移民需求匹配程度	52.50%	
	社区文化娱乐服务提供与移民需求匹配程度	30.00%	
	社区管理的水平与能力	50.00%	
	社区管理机构的执行能力和服务能力	47.50%	
社会融合风险	不同民族、不同宗教信仰移民之间的冲突	55.00%	47.50%
	社会网络重构与社会融合出现困难	57.50%	
	移民家庭内部关系矛盾不断尖锐	50.00%	
	移民对"身份"的依赖性越来越强	42.50%	
	社区制度、文化和惯习的适应	42.50%	
	自然环境和居住环境的适应	27.50%	

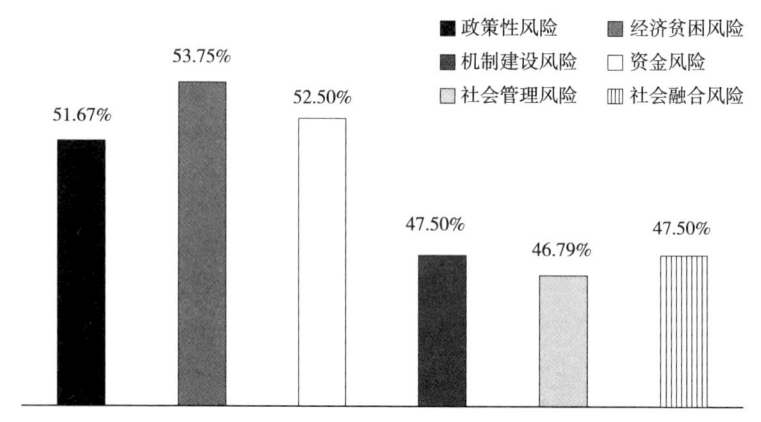

图 9-1　各类风险潜在性分布

由以上数据可以看出，在各类可能发生的风险中，经济贫困风险的潜在性最大，往后依次为资金风险、政策性风险、机制建设风险、社会融合风险、社会管理风险。虽然各类风险发生的潜在性大小不一，但各类风险在移民安置过程中都存在发生的可能性，对于潜在性高的风险需要高度重视，提早制订应对措施；对于潜在性低的风险也应当予以重视，通过必要的、有效的预测和预防手段，将此类风险发生的潜在性尽可能地减小。

（2）风险等级评定

各类风险的等级评定是通过对各级移民相关部门的工作人员进行深度访谈，了解和掌握这些单位和部门对水库移民城镇化安置社会风险的真实评估，并根据以上风险识别结果、风险潜在性分析结果，参考《云南省大中型水利水电工程建设征地补偿和移民安置社会稳定风险评估实施办法》的规定，对识别出的社会风险进行分等定级。1级表示部分移民群众意见有分歧，可能引发个体矛盾纠纷，为轻度风险；2级表示移民群众反映较大，可能引发一般群体性事件，为中度风险；3级表示移民群众反映强烈，可能引发重大群体性事件，为重度风险。风险等级评定结果见表9-3。

表 9-3　各类风险等级评定表

风险类型	影响因素	等级	等级
政策性风险	政策差异性	1级	1级
	移民政策宣传的广度和深度	1级	
	安置政策与移民诉求矛盾	2级	
经济贫困风险	移民家庭收入水平降低	2级	2级
	移民生活成本和压力增加	2级	
	移民就业和劳动力转移困难	3级	
	不良的生活习惯和理财观念	1级	
资金风险	移民安置投资费用增加	2级	2级
	临时性费用增加	2级	
机制建设风险	公众参与和移民申诉机制建设的完善程度	1级	1级
	社区突发事件预警机制和社区维稳体制建设的完善程度	2级	
	社会治安和维稳机构设置与实际工作需求匹配程度	1级	
	移民信访问题处理效果和及时性与移民期望存在差距	1级	
社会管理风险	社会保障性服务与移民需求匹配程度	2级	1级
	教育服务提供与移民需求匹配程度	1级	
	医疗服务提供与移民需求匹配程度	2级	
	社区物业服务提供与移民需求匹配程度	1级	
	社区文化娱乐服务提供与移民需求匹配程度	1级	
	社区管理的水平与能力	1级	
	社区管理机构的执行能力和服务能力	1级	
社会融合风险	不同民族、不同宗教信仰移民之间的冲突	1级	1级
	社会网络重构与社会融合出现困难	2级	
	移民家庭内部关系矛盾不断尖锐	1级	
	移民对"身份"的依赖性越来越强	1级	
	社区制度、文化和惯习的适应	1级	
	自然环境和居住环境的适应	1级	

第二节　不同利益相关者面临的社会风险分析

下面分别从政府、业主、社区管理机构和移民等利益相关者的角度对其所面临的社会风险进行分析。

一　政府面临的社会风险

1. 社会稳定风险

社会稳定风险是移民安置中首先要面对的问题，也是最不容易控制的因素。移民安置中的问题一般源于移民的"社会冲突"。移民"社会冲突"是指在移民过程中移民和非移民之间、移民之间、移民和政府之间等存在的各种不和谐现象。移民城镇化安置过程中产生的社会稳定风险主要表现在以下几个方面。

第一，移民和政府之间的矛盾导致社会冲突增加。移民与政府之间的矛盾冲突主要表现在移民的实际困难无法得到解决，移民的利益诉求得不到满足，或者移民对安置区政府的做法存在不满时，移民往往通过静坐、上访、堵塞交通等方式与政府对抗，使社会冲突具有转变为社会危机的可能。

第二，移民和城镇原居民之间的矛盾导致社会冲突增加。移民被安置到城镇后，会分享城镇原居民的一些公共设施和就业岗位等资源。移民的观念和城镇原居民的观念也不尽一样。这些因素容易导致移民和城镇原居民之间出现一些社会冲突。

第三，移民群体内部矛盾导致社会冲突增加。移民城镇化安置涉及利益的调整和再分配，移民群体内部可能因补偿和安置等方面的政策以及操作上的原因产生不平衡的现象，如对房屋的补偿一般只按房屋的建筑结构进行区分，没有对房屋的建筑年代进行区分，但房屋是有使用年限的，不同建筑年代的房屋的实际价值是不一样的。对于这种由补偿和安置方式导致的不平衡，移民群体内部会产生不公平感，严重时会引发社会冲突。

2. 政府财政支出的风险

移民城镇化安置和收入恢复以及后期扶持需要大量资源的支持，例如基础设施的建设、建设用地的提供、社区管理成本和社会保障资金等。但目前关于城镇化方式安置移民的资金来源，还缺乏明确的规定。不管采取何种方式对移民进行安置，都会增加政府财政支出，因此政府财政支出的风险加大。具体原因如下。

第一，基础设施建设导致财政投入增加。一方面，水库淹没移民村组的公益性设施实物量少、等级低，导致这方面的补偿少；另一方面，与农业安置相比，城镇化安置的基础设施的标准大大提高。在目前移民城镇化安置的筹资、融资渠道缺乏相关政策支持的条件下，地方政府在基础设施建设方面的财政投入必然会大大增加。

第二，给移民提供优惠的安置建设用地导致财政收入减少。城镇化安置虽不提供生产安置用地，但仍需提供建设用地，而且建设用地一般都在城镇周边甚至规划区范围内。在目前的分税体制下，城镇周边的土地征收一般能给地方政府带来不菲的收入，即从农民手中征收土地，改变土地性质，然后转卖给房地产开发商，获取土地差价。若把土地用于安置移民，地方政府就不能从中获得相应的差价而且还要承担相应的移民安置责任。

第三，移民社区管理成本增加。城镇化安置必然会导致社区的管理成本增加，如社区管理机构的运营费用、社区管理人员的工资，在移民安置社区缺乏集体资产的情况下，这些成本必然会转嫁到政府身上。而且移民安置社会治安管理的成本、教育的成本、医疗设施的成本等也会增加政府的负担。

第四，移民社会保障水平动态提高导致财政支出增加。城镇化安置移民需要给移民提供一定的生活补助金。目前一般是以城市居民的最低生活保障水平作为标准确定生活补助的金额，但随着物价水平的提高，移民的生活补助金也应随之按照一定的比例增长，不然会影响移民在城镇的生活质量。从已有的安置实践来看，移民对此的诉求比较强烈，如果得不到满足，容易引发移民上访甚至群体性事件。但目前的移民安置法规和政策对此没有明确规定，在实际操作中政府可能承担一定比例的经费，由此增加政府财政支出。

3. 政府管理的风险

政府管理的风险包括：第一，移民城镇化安置政策的合法合规性难度增加；第二，不同类型移民利益平衡的难度增加；第三，满足不同类型移民诉求的难度增加；第四，移民信访的任务量加大；第五，资金管理的难度加大。

二 业主面临的风险

以城镇化的方式安置移民，对业主来说最大的风险是资金风险。城镇化安置必然带来安置成本的增加，如基础设施建设、长期补助金的投入等。地方政府可能分摊部分增加成本，但业主承担更大的压力、面临更大的资金风险。

其具体原因如下：第一，移民城镇化安置增加的成本导致企业产品摊销成本增加或企业利润下降。目前水利水电工程建设安置的成本计入电价成本，但缺乏如何处理由城镇化安置所带来的成本增加的规定。如果将这部分成本分摊到产品的成本中，将导致企业的竞争力下降，但如果这部分成本不能摊入产品成本的话，企业的利润必然会受到影响。第二，移民长期补助金的动态增长导致企业财务成本增加、收益下降。实行城镇化安置就需要给移民提供一定期限的生活补助金，而随着物价的上涨，生活补助金还必须呈动态增长。这对政府和企业来说都是较大的支出。对企业来说，财务成本增加，如果电价不能实现同比例增长的话，企业的效益则可能下降。

三 社区管理机构面临的风险

城镇化集中安置的移民社区可能会建立新的社区管理机构来对移民进行管理。这种社区管理机构既不同于农村的村委会，也不同于其他城镇社区的管理机构，其面临的风险如下。

1. 社区管理机构运行的风险

社区管理机构的合法合规性、运行资金的来源和工作人员的稳定性等都使机构在运行方面存在一定的风险。

第一，移民社区管理机构建立与运行的合规性和合法性。城镇化安置集中居住小区一般需要建立新的社区管理机构。这种社区管理机构既不同于农村的村委会，也不同于城镇的居委会。目前移民社区管理机构的成立往往由行政机构主导，缺乏相关的法律法规作为依据。如有的社区成立管委会，但它不同于社区居委会，也不是一级政府。这种夹心层的角色使得社区管理机构在运行与管理中容易出现一些矛盾。

第二，移民社区管理机构运行资金的来源。城镇化安置移民社区管理机构的资金来源主要由两部分组成：一是政府提供的相关补贴或拨款；二是集体资产的收益。但这两种资金来源都存在一定的风险，前者的风险在于，由于社区管理机构不是政府机构，拨款带有一定的随意性，从制度上得不到保障；后者的风险在于，在安置初期，移民的集体资产主要为社区的门面，短期内难以取得较大的收益。

第三，移民社区管理机构工作人员的稳定性。城镇化安置移民的社区管理机构及其运行资金来源缺乏制度保障，因此其工作人员的稳定性会存在一定的风险。一些移民集中安置社区管理机构的工作人员主要由两类人员组成：一是政府委派的工作人员。地方政府为了确保社区的稳定及其各项工作的顺利推进，可能委派一些公职人员入驻社区并担任相关职务。二是原来村委会的主要干部。这两类工作人员在社区工作都具有不稳定性，政府的工作人员大多是临时受命，很难长驻社区，而原来的村委会干部可能由于待遇低、缺乏制度保障而辞职。移民集中安置社区管理机构的工作人员的不稳定性给社区的发展和稳定带来一定的影响。

2. 社区矛盾调处的风险

移民城镇化安置后，社区的各种矛盾会比以前有所增加，如移民家庭内部的矛盾、移民群体内部的矛盾、移民对社区干部不满而引发的社会矛盾等。社区干部在移民城镇化安置前及安置后的社会管理中发挥重要的引导作用，其所发挥作用的大小跟自身的思想素质和工作能力有密切的关系。如果社区干部在移民安置中没有有效地发挥作用，就会引发移民对其不满，从而导致社区出现矛盾。

3. 移民社会服务需求满足的风险

城镇化安置后,移民产生了许多新的社会服务需求,这给城镇原有的设施带来了一定的压力。由于受主客观条件的限制,移民社会服务需求面临得不到满足的风险。

四 移民面临的风险

移民面临的风险主要包括经济贫困风险和社会适应风险。

1. 经济贫困风险

城镇化安置的移民面临的首要风险是贫困化。城镇化安置后,移民的生计模式会发生重大转变,原来以土地为主的生产资本完全丧失,依附于土地发挥作用的物质资本也随之消失,移民的生计资本只剩下人力资本、社会资本和金融资本。然而,移民迁入城镇后,剩下的三项生计资本也具有显著的脆弱性,因而移民面临陷入贫困的高风险。

移民陷入经济贫困的主要原因如下:①移民家庭收支系统变化导致家庭财务管理失衡;②移民生活成本增加导致家庭财务收支不平衡;③移民就业困难且不稳定。

2. 社会适应风险

社会适应是行动者通过继续社会化,调整其行为模式和心理状态,使之适合于新环境的过程。城镇化安置后,生计模式的转变以及生存环境的突变,导致移民对城镇环境在一定时期内不适应,而移民要完成对城镇生活的调适过程往往需要一段时间。移民在搬入城镇后,面临生活方式、交往方式、消费方式等方面的不适应。社会适应风险主要表现在以下几个方面:生计方式的变化、社会交往方式的变化、消费方式的变化。

第三节 水库移民城镇化安置的社会风险管理

一 社会风险控制

水库移民城镇化安置的社会风险过程控制是指当风险发生时

所采取的防止事态扩展、尽快平息混乱、最大限度地减少社会问题所带来的损失的各种措施。为了便于对水库移民城镇化安置的社会风险过程进行控制，可以按照风险发生的严重程度，将社会风险分为轻度风险、中度风险和重度风险。移民群众反映强烈，可能引发重大群体性事件的，为重度风险；移民群众反映较大，可能引发一般群体性事件的，为中度风险；部分移民群众意见有分歧，可能引发个体矛盾纠纷的，为轻度风险。

轻度社会风险一般发生在个体层面，范围小。当移民感觉不合理或者受到不公平对待时，就容易形成问题，这类问题不会引起大规模的上访或者群体性事件，只是会对个体的日常生活造成影响。对轻度社会风险的控制，在方针上以宣传解释为主，减少移民的不公平感，如果一些事情确实给移民造成伤害或者损失，要通过制定有针对性的政策和措施，帮助其解决生活中存在的困难。

中度社会风险的发生表现为移民越级上访或者集体上访。移民反映的问题具有一定的共性，在群体中能够达成一定的共识，一旦出现组织者，就容易出现集体上访或者越级上访。因此，要在移民和受影响农户当中普及《信访条例》和相关的移民政策，提高他们的法律意识。同时，重视信访工作，为移民搭建一个平等对话平台，以最终实现两个转变：移民从非法上访向合法申诉转变；信访部门从被动接访向主动接访转变。

重度社会风险表现为重大群体性事件。群体性事件的特点是参与人数众多，暴力对抗明显，事件升级到一定程度会对参与者的生命财产造成威胁和损害。群体性事件还会引起其他库区移民的连锁反应，对整个社会的稳定产生负面效应，因此对其必须重点关注，实时监控，及时化解造成矛盾纠纷和群体性事件的隐患。

二 社会风险预防

除了对已经出现的风险进行识别和控制外，还要对风险的发生和升级做好预防工作，需要从以下几方面开展移民城镇化安置的社会风险预防工作。

1. 树立科学的移民安置社会稳定观，维护社会稳定

树立科学的移民安置社会稳定观，必须坚持以人为本，强调移民工作无小事，重视涉及移民切身利益的各种实际问题，特别是移民贫困群体的生产生活的恢复。根据事物发展的一般规律，矛盾具有普遍性，社会冲突不可避免。因此，需要通过制度建设来健全冲突调节机制，保证机制的良性运行，把冲突限制在可预测和可控制的范围内，这样库区和安置区的社会稳定才能真正实现。

2. 加强移民安置法规的宣传力度，完善移民安置政策

法律法规作为一种社会规范，不仅约束社会主体的行为，也调整社会主体的各种利益关系，而且较其他规范更具有权威性、公正性和强制性。对于广大移民关注的热点问题，例如移民人口鉴定、土地征用、房屋拆迁、实物补偿等，要重点予以关注，因为这些问题容易引发群体性事件。因此，要加强相关法律法规以及政策的宣传，增强广大干部和移民的法律意识，促使干部依法办事、移民自觉守法。此外，移民安置政策是保护移民合法权益、确保移民工作依法进行、最大限度地防止和降低移民安置社会风险发生的制度保障，我们可以以对移民安置过程中的问题甄别为契机，发现移民政策的不足之处，使之在今后的工作中逐步完善。

3. 不断探索开发性移民的新路子，切实加大移民后扶力度

按照中央关于"搞好开发性移民，发展库区经济"的战略方针和全面建成小康社会的要求，安置区各地要始终坚持开发性移民方针，不断探索开发性移民的新路子，研究建立促进安置区移民经济发展的政策机制，加快经济结构调整和优化，培育新的产业和经济增长点，促进当地经济发展和社会进步。积极开展好移民技能培训，"授人以鱼不如授人以渔"，使移民掌握一技之长，开辟家庭多元化收入渠道，以达到移民恢复并提高生活水平的目标。

4. 不断完善移民安置社会风险预警机制

对移民城镇化安置社会风险进行预警预控，首先要建立移民社会风险状况的监测和预警的指标体系，然后根据这些指标体系建立预警预控管理系统。通过预警指标体系的建立，将具有代表

性的不稳定因素纳入预警监测监控范围，通过对其波动幅度、频率的变化分析，判定移民安置社会风险发生的规模、程度、范围，预测其发展趋势，实现预警预控的管理目标。基层工作人员熟悉移民事务，能够掌握移民真实的信息和想法。各级党委、政府应赋予基层工作人员监督和化解移民社会风险的权力，通过他们及时了解并化解移民的各种矛盾。各级政府及相关部门要建立社会风险预警系统和处置移民群体性事件的工作预案，健全情报信息网络，充分发挥社区移民干部和民警在基层的优势，广泛收集信息，全面掌握移民社情动态。

重视移民监测工作，根据移民的具体情况建立一个可以反映移民物质损失和社会损失与补偿情况、生产生活恢复质量、移民申诉渠道建设等的综合指标体系，监测移民社会可能出现的问题，为政府及时、适当的干预提供决策信息，防患于未然。

5. 完善信息公开制度，建立畅通有效的移民申诉渠道

建立畅通的移民维权绿色通道是预防和减少群体性事件发生的重要途径。引导移民通过信访、调解、仲裁、诉讼等渠道，借助正式维权机制表达自己的权益主张。各有关部门应按照"属地管理、分级负责，谁主管、谁负责"的原则，面对面地与移民交心谈心，了解移民的疾苦，收集社情民意，切实掌握影响社会稳定的各种问题、动态、信息和苗头。对可能影响本地区社会稳定的重大矛盾和突出问题，更要及早发现、及早掌握。对排查出来的矛盾纠纷，应针对其不同特点，认真研究处理的途径和办法，妥善解决。

在健全移民矛盾宣泄渠道、完善诉求表达机制的同时，也要清楚地认识到正常诉求表达与非正常诉求表达的区别。在非正常诉求表达中，流言往往是群体性事件发生的催化剂。因此，必须建立信息公开机制，遏制流言传播。如果仅仅依靠自上而下的行政控制，而不调动、吸纳、利用社会力量，则社会稳定难以保持长久。要进一步加强、引导、规范移民社区的组织建设，让社区管理负责人成为移民意见的代言人，成为移民利益的代理人，通过与负责人对话，掌握移民的根本诉求。此外，还应积极开辟各种形式的协商对话渠道，搭建移民利益表达的平台，让群众的各

种意见能够充分表达。

6. 建立和完善移民社会保障体系

移民社会保障体系可以在移民丧失劳动能力、失去工作或者收入无法维持基本生活时为其提供基本生活保障，因此，社会保障又被誉为"社会安全网"和"社会减震器"。社会保障制度的建立对维护社会稳定具有不可或缺的作用。当然，由于移民的特殊性，移民社会保障体系的建立要区别于一般社会保障的内容和形式。限于国家财力，社会保障建设无法也不可能一蹴而就，应从贫困群体到全部移民，从单一的养老保障到养老、医疗等全面的社会保障，逐步实现社会保障建设的层级化。

7. 进一步完善移民工作监督检查机制和责任追究机制

移民工作监督检查机制是确保有效避免移民社会风险的一个重要手段。坚持贯彻移民工作全过程的监督检查，实事求是，注重督办时效，全面监督与重点监督相结合，监督与帮助、协调相结合，党政监督与业务部门监督相结合，等等。正确把握需要督办的情形，例如，无正当理由、未按规定时限处理已发现的移民矛盾，未按规定程序反馈移民矛盾处理结果，未按规定程序调处移民矛盾，对处理移民矛盾推诿、敷衍、拖延，以各种借口不执行已经形成的调处意见，等等，要通过监督检查，使之得到妥善处置。信访机构要充分运用《信访条例》赋予的行政处分建议权，对不负责、不作为的有关行政机关及相关工作人员进行相应的处罚。要采取多种有效的监督方式，如电话监督、书面监督、会议监督、调研监督等。各级政府应将移民工作列入考核内容，进一步增强移民机构及其工作人员的责任心。完善移民岗位目标责任制，出现问题时既要追究引发矛盾的相关人员，又要追究对矛盾调处不作为的单位和个人。

第十章
城镇化安置移民社会有序管理机制建设

加强和创新社会管理,是党中央从实现"十二五"规划和全面构建和谐社会的高度而做出的重大决策。做好移民社会管理工作,对确保移民群众安居乐业、实现小康社会,具有十分重要的意义。社会管理是指政府和社会组织为促进社会系统协调运转,对社会系统的组成部分、社会生活的不同领域及社会发展的各个环节进行组织协调、监督和控制的过程。对水库移民来说,移民社会管理就是对各种移民社会活动进行管理,目的是调整和理顺各利益相关者之间的社会关系。具体来讲,移民社会管理是指政府、项目业主、社会组织、安置地居民和移民等多元主体对移民过程中的社会生活、社会事务和社会行为进行合作管理,从而在移民与政府、移民与企业、移民与安置地居民以及移民内部建立协调稳定的社会关系,使得各方的利益诉求得到表达并实现,最终构建移民社会的良好秩序。

第一节 城镇化安置的社会管理理念

从国家发展经验来看,任何一个国家的经济发展与社会发展必须协调,如果社会管理严重滞后,就会阻碍经济的持续健康发展,甚至威胁政治的稳定。究其原因,强调经济发展而忽视社会管理的建设,会导致社会结构的调整和转型滞后于经济结构;社会贫富悬殊、社会冲突加剧等各类社会问题丛生,反过来也会大大影响和制约经济的发展。移民城镇化安置作为新时期打破农业安置困境的一种有益探索，将移民安置纳入城镇化发展的潮流中，借工业化、城镇化发展之势，实现移民身份转变、生活水平提高。从表面上看，城镇化安置是人口的异地迁移与居住环境的改变，看似是搬出"旧农村"、进入"新社区"的简单过程，实质上却是移民价值观、身份、社会阶层、行为规范、生产生活方式、社会交往等改变的复杂工程。作为非自愿性移民，从传统乡村的熟人社会进入现代城市的陌生人社会，其首先面对的是如何融入城市生活的问题，其就业、教育、社会保障、医疗卫生等公共服务和公共需求需要通过加强社会管理予以解决，否则城镇化安置只是"地区的城镇化"而非"人口的城镇化"，是一种虚拟的移民城镇化。

社会管理必须做到以人为本，以实现人的全面发展为目标，通过经济发展与社会发展并行，切实保障人民群众的经济、政治和文化权益，满足人民群众日益增长的物质文化需要，让发展的成果最终惠及全体人民。由此可以看出，"为移民服务"是移民社会管理实践的最终目标，也是指导移民社会管理实践的理念。移民社会管理理念作为对移民社会管理活动的一种理性认识，是对移民社会管理活动的一种前瞻性把握。在科学发展观的指导下，移民社会管理理念要避免单纯追求移民经济发展的片面性思维，实现移民经济建设、政治建设、文化建设和社会建设的全面推进。只有通过社会管理和公共服务建设，满足移民的合理需求，增进移民的幸福感，才能真正做到"以移民为中心"。

第二节　城镇化安置下水库移民的基本需求

水库移民城镇化安置带来了移民社会的巨大变迁，它将移民从土地上剥离，割裂了移民与农村的联系，使得移民原来熟悉的居住环境、就业环境、社交环境、人文环境等被重构并不可逆转，成为移民经验认识中的陌生情境。城镇社会结构的复杂性激发了移民多样化的需求，使得移民的需求由单一、同质变为多元、异质，这往往容易造成政府社会管理行为与移民需求满足不匹配。目前，移民社会管理的最大障碍就在于难以准确把握移民的基本需求。移民需求把握不好,就会造成社会管理无效,结果只会是政府做得越多,与移民的关系反而越紧张。因此,必须重视安置过程中移民的种种需求,并在移民社会管理中进行有针对性的设计。

一 城镇化安置移民的基本需求

1. 生存诉求

生存诉求包括衣、食、住、行、教育、医疗等基本生活需要。以贫困线作为衡量指标,越是低于贫困线的人口,越是具有强烈的生存诉求。城镇化安置后,移民原有的自给自足或半自给自足的经济模式被以商品经济为主的经济模式所取代,移民生存所需要的资源都必须在家庭以外获得。移民进城后,生活随之进入了一个商品化的世界,移民需要的东西都要从市场上购买,移民生产的东西和劳动力都要进入市场才能交易。面对市场中隐藏的风险,人力资本、社会资本薄弱的移民往往难以应对,他们大多只能从事劳动强度大、收入低的工作,很多人甚至不能实现就业,导致家庭失去收入来源。城市生活的成本加重了移民的生活负担。

2. 安全诉求

在相对稳定的环境中,人容易培养起安全感,建立应对环境渐变的信心与能力。而在迁移过程中,大部分移民经历了资源与环境的巨大变化,原有的生产生活方式、经济结构、社交网络、习俗传统被打破,移民的安全诉求被激发。归纳起来,移民安全诉求的产生主要有两方面的原因:第一,现有补偿政策没有考虑到土地的保障功能,进入城镇后,受政策限制或移民本身没有经济能力进入城镇居民社会保障体系,移民对未来生活的稳定性普遍感到焦虑,他们感到自己并未顺应城市生活的浪潮,反而被浪潮越打越远;第二,原有的文化、行为规范难以解释新环境中的事物,通常容易造成涂尔干所说的社会失范,面对陌生的城市环境,移民日常生活中缺少可遵行的规范准则,容易造成其思想上的巨大波动。

3. 公平诉求

社会管理,归根结底是为了通过社会管理的活动和过程,推动社会资源、社会机会更加公平合理地分配。讲求公平并不意味着"均等化",而是在承认资源禀赋和能力差异的基础上,让每个人都能够根据自身条件参与社会竞争。正如孙立平所提出的"热带雨林效应",好的社会生态是不同阶层的人都能够在其中找到生存的机会。移民公平诉求的提出正是源于社会机会的不平等,移民社会中某些集团不仅利用自身优势获得更多的资源,而且采取各种手段将机会的不平等固定化,形成社会屏蔽,从而导致一些移民产生持续的相对剥夺感,易形成社会危机。作为城市的一分子,移民被现有的户籍制度、就业制度、社保制度等限制了在城市中生存和发展的机会。

4. 发展诉求

在水库移民心理研究中,部分人习惯性地认定移民存在"等、靠、要"的消极思想,这一结论不仅忽视了移民的主观能动性,也没有揭示问题的本质。随着开发性移民政策的实施,"把移民作为一次新的发展机遇"成为移民社会中常见的政治话语和公共话语,移民自觉或不自觉地产生了改变自身命运的期待。对于农村人来说,城市一直是他们憧憬的地方,那里有现代化的文明、自我实现的场所、优质的生活,这种吸引力源于早期户籍制度下的城乡差异在人们的脑海中形成的思维惯式,影响着一代又一代的农民。然而,家庭积累薄弱、能力缺乏、社会融合障碍以及对基层政府的信任缺失,导致移民难以树立发展的信心。但随着移民活动的深入开展,移民越来越认识到自己才是发展的责任主体和行动主体,他们强烈要求分享工程建设带来的收益。我们可通过完善政府制度安排和移民自身努力,变"被动式政府问题应对型发展"为"主动式移民自我实现型发展"。

二 需求优先顺序与多样化安置

在不同的时期,个人、家庭和社会三个基本需求单位的优先次序是不一样的。在传统社会,三者的优先次序依次为家庭—个人—社会,计划经济时代变为社会(社区或集体)—家庭—个人,发展到现代社会则变为个人—家庭—社会。人们在利益考虑时遵循的优先次序由计划经济时代的社会(社区或集体)—家庭一个人，逐渐演变为现在的个人—家庭—社会。这种变化使得人们更多地考虑自身的需求，并希望自己的需求优先得到满足。

新时期的移民安置工作，应理性认识基本需求单位的优先次序，承认移民需求的个体性，避免盲目地搞一刀切，通过多样化安置模式满足移民的基本需求。在综合考虑迁出地和迁入地的经济、社会、人口、文化特征以及可持续发展能力的情况下，应把移民安置规划方案与当地城镇化建设、新农村建设、扶贫开发、县域经济发展规划等相结合，在充分评估移民意愿、需求类型、就业能力、自我保障能力后，论证移民安置规划方案的可行性，以保证移民得到妥善安置并可持续发展。

第三节 组织建设路径

在广泛复杂的社会生活中，涌现大量政府行政职能无法覆盖的领域，出现许多不适合行政化方式处置的公共事务，如物业管理、居家养老、环境整治、终身教育等。安东尼·吉登斯认为，管理效益难以提高的根本原因是仍强调依靠政府的管理力量和行政控制，社会力量参与管理的积极性没有得到充分发挥。社会生活中已经产生并孕育许多新型社会化组织，如各类行业协会、民间组织、中介组织、社区组织等，它们正逐步承担许多行政组织无法有效履行的职责，进行公共管理，提供公共服务。因此，在协调多元主体之间的关系上，要构建"党委领导、政府负责、社会协同、公众参与、法治保障"的社会管理新格局。通常情况下，参与移民城镇化安置社会管理的组织主体主要有行政组织、社区组织及非政府组织，这些组织在移民社会管理活动中角色各异、功能互补。

一 行政组织

在计划经济体制下，社会自我管理和自我服务的功能先天不足，所有的社会事务由政府管理。这一时期的移民社会管理工作包含在政府的日常行政管理工作中，政府是移民社会管理的主体，甚至是唯一的主体。在社会主义市场经济体制下，政府职能转变，政企分开、政事分开。"在社会主义市场经济条件下，政府的主要职能是经济调节、市场监管、社会管理和公共服务四个方面。"目前尚未实现移民市场化安置，因此需要政府帮助移民实现搬迁、生产生活的恢复与发展。在社会管理机制建设中，政府应承担移民社会管理的主要职责。本处将中央政府和地方政府统称为行政组织，行政组织在移民利益保障组织框架中居于核心地位，其作用不可替代。行政组织的核心地位与作用不但源自行政科层制强大的控制力和执行力以及对资源的调控和支配能力，还源自行政组织运行的规范性和职能的不可替代性。行政组织可以借其所具有的投资能力、资源支配地位、政策解释能力、社会控制能力实现对移民活动全过程的把握。同时，行政组织在移民利益保障组织框架内具有绝对的权威和支配地位，可以灵活运用各种政策工具和支持性资源协调、解决移民安置中的利益分配难题。

县（市）级移民机构是移民城镇化安置的直接实施单位和责任主体，但并不是唯一的，移民工程的系统性决定了需要发改、国土、水利、民宗、农业、财政、审计、交通、建设、规划、环保、教育、文化、社会保障、司法、民政、扶贫、林业、信访等政府各个部门参与到移民的社会管理工作当中。

二 社区组织

社区自治组织包括城市居民委员会和农村居民委员会，其重要职能之一是汇集居民的诉求，把松散的个人和单位组织培养成具有共同利益诉求的整体，整合其对社区公共事务特有的判断、意见和建议，并予以回应或向公共政策体系传输。通过社区自治组织，政府可以及时了解移民普遍关心的问题，召开移民大会或移民代表大会，对移民安置和管理过程中的一些问题进行讨论，以表决形式形成统一意见，然后向上级移民管理机构逐级反映，将问题化解机制或方案纳入后期的社会管理工作中。社区组织是社会管理和为居民服务的基础平台，因此，在一定意义上，社区组织建设是整个移民社会建设的起点和基础条件。

城镇化安置的移民社区组织建设的内容包括组织结构建设和

组织功能完善，两者相辅相成。①社区组织结构建设。日常实践中，社区往往作为政府的派出机构，承担了大量的行政事务，作为社区居民利益代言人，社区因行政色彩浓厚而备受质疑。为去行政化色彩，移民社区组织结构建设可分两条路线进行：一条为党组织建设；另一条为社区自治组织建设，成立社区居民委员会。第一，党组织建设。社区党组织是构建稳定有序、充满活力的社会管理网络体系的关键力量，能够组织、领导社区居民参与社区建设与管理工作，对居民进行思想政治教育、感恩教育，使其思想觉悟提高，增强社区参与意识。第二，居委会建设。在社区公共秩序、民意表达、诉求反馈、邻里关系、矛盾调解及社区消防安全监督、治安维护等方面实行社区自治。把移民社区党建和自治建设区分开来，既能实现优势互补，又能避免权责不清造成的服务上相互推诿和缺位等。②社区组织功能完善。将移民社区服务的内容拓宽，涵盖法律法规、感恩、文明习惯教育，为移民提供就业培训、就业信息，维护社区公共安全，调解矛盾，开展社区文化娱乐活动，等等。同时，加强社区管理制度建设，建立健全的社区管理机构体系和规章制度，促进各方面的协调与平衡。

三 非政府组织

非政府组织、公益性组织一般关注特有的领域，比如环保、助残、教育、维权，在移民安置过程中涉及其关注的核心话题时才以独立的身份进入移民利益保障体系，成为相对独立的一方。

实践表明，社区社会力量协同作用的发挥是新型社会管理格局的重要标志。社会力量包括工青妇组织、经济组织、志愿者组织等，它们不仅能承接部分政府职能，推动社会公益事业的发展，还能弥补政府的不足和市场体系的缺陷，代替政府向社会提供公共服务，更为重要的是，它们能调解利益矛盾、促进社会公平。一些非政府组织能有效动员社会力量和社会资源，向弱势群体提供社会援助，帮助居民解决生活中的上学、就业、婚姻、养老等难题，促进不同社会群体利益均衡，和谐相处。各类非政府组织为居民提供文化、就业、托老等服务，弥补了政府管理、市场调节的不足，满足了社会的多样化需求，化解了社区潜在的社会风险，成为促进社会良性运转的重要力量。

第四节 机制建设路径

一 政策支撑机制

根据科斯定理，当交易费用为零时，资源配置不需要制度的作用；当交易费用为正时，制度安排对资源配置及其产出构成具有重要影响。在移民城镇化安置和社会管理中，制度同样起到重要作用。这是因为制度确立了相关各方行为选择的规则，形成了一个社会的约束和激励机制。由于存在不同的利益需求以及不同主体之间的利益冲突，移民社会并不是一个整齐划一的集合体，各种利益主体总是处于不断分化、组合之中，常常发生矛盾和冲突，为了不使矛盾和冲突对社会造成破坏，需要制度为各行为主体提供社会关系的规范、行为准则，这样整个移民社会才能和谐。

政策与制度设计作为社会管理的手段，是移民城镇化安置有序开展的保证，内容涉及安置方式、补偿标准、生产安置、生活安置、基础设施配套、后期扶持、村镇规划、人口管理、教育就业、社会保障转接、户籍变更等。

以楚雄青山嘴水库移民政策设计为例，其具体的政策如下。

1. 国家层面

《大中型水利水电工程建设征地补偿和移民安置条例》（国务院令第471号）、《国务院关于完善大中型水库移民后期扶持政策的意见》。

2. 省级层面

《云南省人民政府关于贯彻落实国务院大中型水利水电工程建设征地补偿和移民安置条例的实施意见》《云南省完善大中型水库移民后期扶持政策实施方案》《云南省大中型水利水电工程建设征地补偿和移民安置社会稳定风险评估实施办法》《云南省人民政府办公厅关于印发云南金沙江中游水电开发移民安置补偿

补助意见的通知》。

3. 州市级层面

《楚雄州人民政府关于印发〈楚雄彝族自治州青山嘴水库工程移民安置管理办法〉的通知》《楚雄州人民政府办公室关于印发青山嘴水库工程库区淹没实物补偿标准的通知》《楚雄州人民政府办公室关于青山嘴水库移民安置区土地调整划拨补偿标准的通知》《楚雄州人民政府关于〈青山嘴水库建设移民搬迁城市楼房安置方案〉的批复》《楚雄州人民政府关于审批发放青山嘴水库城市楼房安置移民20年生活补助费的批复》《楚雄市人民政府关于青山嘴水库移民搬迁安置实行奖励的通知》《楚雄市人民政府关于成立青山嘴水库建设工程移民搬迁安置栗子园城市安置点征地领导小组的通知》《楚雄市人民政府关于青山嘴水库截流前移民采取临时过渡的通知》《楚雄市人民政府关于进一步加强青山嘴水库淹没区户籍管理工作的通知》《楚雄市人民政府办公室关于成立楚雄市栗子园移民安置小区住房分配工作领导小组的通知》《中共楚雄市委办公室楚雄市人民政府办公室关于成立楚雄市栗子园小区移民就业协调领导小组的通知》《中共楚雄市委办公室楚雄市人民政府办公室关于加快推进栗子园小区移民就业相关工作的通知》《楚雄市青山嘴水库移民栗子园小区移民人口管理办法的通知》。

二 管理机制

1. 管理人才培养

社会管理的对象是人，对人的管理是一项复杂、艰巨、困难的工作，没有高素质的管理人才不行，为此，培养、选拔、任用、造就一支优秀的管理队伍对创新社会管理至关重要。因此，必须设法吸引具有较高沟通能力、组织协调能力、学习能力、服务意识、奉献意识的人才加入移民社会管理的队伍。

移民管理干部不仅要熟悉移民政策，有较高的业务素质，还应具备任劳任怨、乐于奉献、办事公道、坚持原则、清正廉洁的优秀品质和深入扎实、忍辱负重、顾全大局、忠于职守、脚踏实地、真抓实干、吃苦耐劳、为民办事的工作作风。培养管理人才，可以通过与设有水库移民管理人才进修和培养点的大中专院校合作，输送移民领域的专业人才；还可以由政府部门或是水库移民单位定期举行水库移民管理人才讲座，普及水库移民管理知识；政府应通过专项基金建立完善的水库移民管理人才综合培养机制，并通过资格认证甄选高级水库移民管理人才。另外，需要吸纳专业的社会工作人才加入移民社会管理的队伍，他们可以运用专业知识和方法为移民提供公共服务，满足移民多样化的需求。

2. 组织管理

中共十七大报告首次提出了社会协同理念，就是要发挥各类社会组织的作用，整合社会管理资源，积极推动建立政府调控机制同社会协同机制互联、政府行政功能同社会自治功能互补、政府管理力量与社会调解力量互动的社会协同管理网络。社会协同的主体包括各类社会组织，如社会团体、文化组织以及企事业单位等。首先，建立健全社会管理组织体系。必须建立政府主导下的统一的社会管理机构，加强对社会管理机构的领导，明确社会管理机构的职能和责任，制定和实施社会管理的政策法规，切实做好社会管理工作。同时，积极吸纳和鼓励社会团体、行业组织、中介机构、志愿者团体等社会组织参与移民社会管理与公共服务，走出一条多元协同治理的移民管理之路。其次，建立健全群众自治组织。村委会和居委会都是群众自治组织，承担自我管理、自我教育、自我服务及维护本社区成员合法权益的任务。政府和居（村）委会不再是上级与下级的关系，而是监督与被监督、指导与被指导的关系。只有这样，才能充分发挥政府和居（村）委会的作用，实现政府调控机制与居（村）委会协调机制的相互联系，形成政府管理力量与社区调节力量的社会协同管理网络。

3. 社会服务提供

城乡居民在基础设施、基础教育、医疗卫生、社会保障、公共文化等公共服务方面的不平等，已成为我国城乡一体化进程中所面临的突出问题，同时也是影响当前社会公平公正的焦点问题。推进移民城镇化安置，提高移民社区管理水平，就必须积极推进城乡基本公共服务均等化，让进城的移民和市民平等享受社会公共服务。具体来说，就是通过社区建设，构建以社区社会保障、社区养老服务、社区教育服务、社区培训与就业服务、预防青少年犯罪及社区矫治、下岗职工再就业、社区文化设施建设、社区救灾救济等为内容的公益服务网络，保障移民基本利益，为移民创造舒适的生活环境。

三 保障机制

新中国成立后很长一段时间里，为推进工业化、城镇化，走了一段"抑乡保城""以农补工"的非均衡发展道路，形成了以户籍制度为标志的城乡分割的二元社会经济结构。户籍制度不仅限制了农村人口向城市自由流动，还造成了户籍政策所附带的劳动就业、工资福利、子女教育、社会保障、保障性住房等方面的城乡差异。移民城镇化安置首先要打破城乡二元结构的不平等，让进入城镇的移民享有和城市居民同等的待遇。

1. 社会保障建设

社会保障具有保障社会成员基本生活、促进社会公平、增强社会稳定等积极作用。移民进城后短时间内难以获得稳定的收入，容易因贫困而成为城市的边缘群体，成为社会稳定的隐患。为确保移民进城后的生产生活顺利过渡，应建立与移民相配套的社会保障体系，为其解决后顾之忧，让移民专心于生活和工作，进而提高移民经济持续发展的能力，使其尽快融入城市发展的大潮。

经过多年的探索和实践，我国已初步形成了比较完善的社会保障体系，包括社会保险（养老保险、医疗保险、工伤保险、生育保险等）、社会救助、社会福利和社会优抚等。根据社会保障适度理论，社会保障水平过低不利于保障群众的生活，而由于社会保障具有刚性特点，若起点过高，社会保障也会成为一个巨大的负担。移民城镇化安置后社会保障建设应循序渐进，具体可分两个阶段。

第一阶段，根据城镇化安置后移民的社会经济情况建立三个层次的过渡性社会保障。处于最低层次的是最低生活保障和医疗救助，以移民前农村的"五保户"制度和医疗救助制度为基础，保证最贫困群体最基本的生活和医疗需求；第二层次是普遍保障，由养老保险制度和合作医疗制度组成，为移民提供养老和医疗的保障；第三层次的保障以开发为目的，为移民提供非农职业技能培训，通过能力建设，改善移民的家庭经济状况。

第二阶段，当移民社会经济发展水平与城镇大体相当时，将移民的社会保障纳入城镇居民的社会保障体系，建立健全社会保障体系。

2. 就业保障建设

移民城镇化安置作为提高我国城市化水平的一种方式，为移民打开一条通向城市的道路的同时，也掐断了移民返回农村的道路。移民从农业生产系统进入城市工业化体系，由于缺乏相应的技术、技能，他们很难找到较高收入的工作，加之各种补偿和社会保障体系的缺失，城镇化进程中的移民往往容易沦为城市中的中下阶层和弱势群体，成为社会和谐发展的不稳定因素。

为移民提供职业技能培训、构建就业保障体系，就如同授之以渔，可保障其未来的发展。目前，移民就业的制约因素主要是因城乡二元结构形成的不平等的劳动力市场和移民个人资本积累情况。因此，可以从以下几方面进行建设。

第一，统一劳动力市场。政府必须尽快建立统一、有序的劳动力就业市场，强化就业服务，建立乡镇、街道、社区（村）劳动保障平台，逐步建立城乡统一的就业失业统计制度、统一的劳动用工管理制度及统一的薪酬制度。认真落实移民进城务工再就业的优惠和扶持政策，完善劳动合同制度，改善移民进城务工经商的环境，保护进城务工经商人员的合法权益，使移民享有与城镇居民同样的公平竞争的市场环境和法律环境，拥有平等的发展空间。

第二，引导就业观念转变。对移民开展大规模的引导性培训，组织专题讲座，使移民了解国家的就业政策、树立就业信心、转变就业观念，形成现代化的就业意识。帮助移民树立自强意识，通过引导性培训，提高移民的整体素质，增强其法律意识，转变其择业创业观念。努力弘扬自力更生、艰苦奋斗的移民精神，让移民懂得发展的责任主体是自己，政府只是帮助、引导的角色，移民只有依靠自身努力，才能实现就业创收、安稳致富。

第三，技能培训与社会资本积累。通过开展移民就业培训，比如采取"校企联合、定单培训、工读结合"等形式，增强移民的人力资本。根据移民的文化素质和劳动用工需求，举办适合移民的技能培训班，采取早、中、晚培训方式，开展中式烹饪、缝纫、计算机、砖工、缝纫板制造等实用技术的技能培训班。培训结束后，在就业信息和就业渠道上给予大力支持，为移民与企业之间牵线搭桥。

为保障就业培训取得良好的效果，应根据劳动力的年龄、文化素质、需求等特征，制定分层次的就业培训模式。一是开展移民子弟学历教育，对象为应届及往届初高中毕业生和社会青年，学制3年，以培养中高级管理人才、工程技术人才。这部分人不仅是移民家庭发展的生力军，也将是支持地方发展的主力。二是短期技能培训，对年龄在25~40岁的移民进行转岗就业培训，时间为3~6个月，让他们学习一门专业技术，到企业做初级或中级技工。三是实用技术培训，不限年龄，不定时间，按其主导产业进行特色种植、养殖、加工等培训。四是针对劳动力市场中比较弱势的"40后""50后"，通过政府购买公共服务岗位、社区公益岗位等，让有劳动能力且有劳动意愿的这部分群体实现再就业。

3. 权益保障建设

城镇化是拉动内需的重要手段，蕴含巨大的利益空间，地方政府在政绩和利益的驱动下势必会加快城镇化的步伐，而资本具有天然的谋利冲动，最终，城镇化成为地方政府和资本合谋的手段、工具，移民在这一过程中则成为利益受损者。目前，在城镇化建设中政府与移民往往呈对立之势，很重要的原因在于政府没有保障移民的基本权益，随着移民权利意识不断增强，其基于权益维护的诉求和行动也越来越多。但移民的维权意识和行动是模糊的，甚至带有一定的盲目性，这主要是受传统思维的影响，进城后的多数移民缺乏参与意识，他们中的大多数人很少主动参与,甚至从来没有参与过公共活动,即便参与了,通常也是以被动为主,这造成大多数移民的需求无法融合到后期项目建设中。

因此,除了现有的代表制度、信访制度、自治制度等利益表达机制,还要创造新的移民利益表达机制,包括利益表达渠道的供给机制、利益表达程序的启动机制、利益表达方式的选择机制、利益表达诉求的解决机制、利益表达权利的保障机制、利益表达观念的引导机制等。

四 教育机制

社会管理的手段有制度化的社会控制方式和非制度化的社会控制方式,两种方式本应相得益彰,然而我国社会管理基本上沿袭了传统的管理方式,即主要依赖强制性治安管理手段实现政府的管理职能,手段单一。这导致在移民社会管理的措施选择上,惯于使用制度化的社会控制方式,依靠警力、法律等强制性手段和工具,忽略了风俗习惯、伦理道德、信仰、教育培训等非制度化的社会控制手段。

1. 适应性教育

移民城镇化安置变农民为市民,导致移民社会阶层结构重组和变迁,移民原有的价值观体系受到多元文化的强烈冲击,经受城乡文化差异带来的震荡,如果移民不能快速适应城市生活和习得行为规范,当原有的乡村规范在城市的场域中无法发挥作用、难以调和移民的欲望和规范移民的行为时,就会造成"失范",这不仅会给移民带来心理上的焦虑,也会形成群体压力,进而影响社会稳定。

通过开展适应性教育,移民可以尽快适应新的居住环境、就业环境、社交环境、人文环境,提高自身适应环境的能力,在经济生活、社会交往、价值观念等方面做出相应调整。在移民社区可以开展多种形式的适应性教育:①邀请高校教师、移民局领导、社区干部等,以户长会的形式,定期举行适应城市生活的主题讲座,讲座内容要涉及城市社区生活的方方面面,以引导移民转变生活方式;②制定居民公约,内容包括社会治安、矛盾调处、户口管理、婚姻与计划生育、环境卫生、房屋及公共设施管理、水电管理、社会公德、殡葬制度、物业管理费等；③开展社区文化娱乐活动，丰富移民业余生活，增强移民对社区的归属感和认同感。

2. 政策法规教育

政策法规是移民社会管理的主要工具，但往往也是移民不稳定事件爆发的导火索，一方面可能在于政策制定与移民诉求不相契合，另一方面在于政策的透明度不够，造成移民对政府的猜忌，影响了政府的公信力。因此，要对政策法规进行及时、准确、详细的讲解和宣传。在项目调查统计阶段，开展移民政策法规培训，让移民了解补偿安置政策、标准和可选择的安置方式，教育引导移民树立"舍小家、顾大家、为国家"和"早搬迁安置、早发展致富"观念。这一时期的政策法规主要是《大中型水利水电工程建设征地补偿和移民安置条例》和《国务院关于完善大中型水库移民后期扶持政策的意见》。在安置阶段，通过政策法规培训、讲座，让移民了解自己的合法权利和义务，其享有的补偿权利及安置待遇任何组织和个人都不能剥夺，其负有的法定义务和应承担的责任谁也不能推脱，增强移民的法治观念，让其遇事依靠法律途径解决。这一时期宣传的法律主要是《宪法》《民法通则》《刑法》《妇女权益保障法》《老年人权益保障法》《治安处罚法》等。同时，利用板报、墙报、专栏、固定标语、简报等形式，开展公共卫生、公共安全常识的宣传教育，引导移民积极参与和谐平安家园建设。

3. 思想道德和感恩教育

和谐社会践行是以良好的道德规范、共同的理想信念，以及全体社会成员的思想道德素质等为基础的。只有有了共同的价值观念和道德诉求，面对社会的诸多矛盾和利益冲突，才能相互谅解、达成共识，才可以更好地化解矛盾、消除冲突。感恩是一种文明，感恩是一种品德，通过感恩这种道德教育的方式，不仅可以营造和谐的氛围，也可以使人的精神状态更加和谐宁静，人有了感恩之心，人与人、人与自然、人与社会就会变得更加和谐，更加亲密。

社区作为生活共同体，也是感恩教育的活动单位。要对社区

"两委"班子成员、社区党组织成员开展感恩教育活动,增强社区干部的服务意识;对社区居民开展感恩教育活动,努力提高居民素质和文明程度,引导居民爱国守法、明理诚信、团结友善、勤俭自强,从而形成团结互助、平等友爱、诚信有序的人际关系和社会环境;对社区家庭开展感恩教育活动,形成敬老爱老、珍惜友情、宽容邻里、帮贫济困、回报社会的感恩氛围。

第十一章
结论与建议

第一节 结论

一 农村人口城镇化是农村人口非农化和地域转移，以及社会生活方式城镇化转变的过程

农村人口非农化和社会生活方式城镇化转变是农村人口城镇化的核心。积极引导农村人口向非农产业和城镇合理有序流动，对于加快农村建设小康社会进程具有非常重要的意义。加快农村人口城镇化进程是促进农民增收的有效途径。农村人口城镇化路径主要有就业、升学、部队转业、城市征地拆迁、水利工程建设搬迁、灾害性移民等。农村人口城镇化受体制内要素、市场经济发展要素、文化要素、人力资源要素等影响。农村人口城镇化还需要面对人口社会管理难题。

二 实施水库移民城镇化安置具有紧迫性

在城镇化进程不断加快、城乡二元结构不断变迁的社会经济背景下，受人地矛盾突出，农村基础设施和公共设施供需不均衡，农业产出效益不高，以及农村劳动力非农化就业现象突出等影响，大农业方式安置水库移民存在很大困难。而实施水库移民城镇化安置，不仅是妥善安置移民的需要，也是推进区域经济社会发展、保持区域社会稳定的需要。

三　楚雄青山嘴水库移民城镇化安置模式探索值得借鉴

目前，国内部分水库在移民安置中进行了城镇化安置探索。如珊溪水库、飞来峡水库、棉花滩水库和百色水利枢纽等对部分移民采取了城镇化安置，取得了值得借鉴的经验。由于农业安置方式局限性的存在，以及云南省水库移民城镇化转移指导方针的提出，青山嘴水库在国内已有的城镇化安置方式的基础上，对库区整体移民城镇化安置进行探索。青山嘴水库移民城镇化安置提出的城市楼房和宗地安置模式，以及在健全社会组织管理、推进社区移民就业、提高移民思想素质等方面的创新举措，使得青山嘴水库移民城镇化安置取得了较大的成功。

四　国内水库移民城镇化安置经验和问题需要不断总结

在国内相关水库移民城镇化安置探索和青山嘴水库移民整体城镇化安置方式总结的基础上，可以认为区域经济发展是水库移民城镇化安置的基础，城镇化安置方式是未来水库移民安置的重要选择方向，城乡有序统筹和多部门协调参与是水库移民城镇化安置的重要保障。但城镇化安置的移民在生产生活方式、思想观念、社会融合等方面还存在一定的问题，需要进一步研究解决。

五　水库移民城镇化安置有其独特的空间和居住模式

集镇安置、县城安置和中心城市安置是水库移民城镇化安置的空间选择模式；集中小区安置和分散居住安置是水库移民城镇化安置的居住选择模式。对于城镇化安置的移民，其生计可持续是安置稳定的核心。兼业性生计模式和非农化生计模式是城镇化安置移民生计活动的关键。多视角下水库移民城镇化安置路径的比较结果显示，针对不同的移民群体，可以根据移民自身特征，选择相应的空间、居住和生计模式。

六 水库移民城镇化安置有其相应的资源需求并存在一定的风险

城镇化安置方式的实施有其相应的资源需求，存在一定的风险。总体上，水库移民城镇化安置在社会组织管理、社会治安与社区人口管理、基础环境服务及管理、文化教育服务、就业与社会保障服务、社区建设及自我服务等方面存在需求，同时也存在政策性风险、经济贫困风险、资金风险、机制建设风险和社会管理风险等。

第二节 建议

在土地资源日益稀缺、农民非农化就业倾向不断明显的背景下，水库移民城镇化安置是一个重要的安置趋势。但水库移民城镇化安置实践探索时间较短，积累的经验和教训仍较少，因此提出如下建议。

一 将水库移民城镇化安置视为水库移民安置的常规路径

在城镇化进程不断加快、城乡二元结构不断变迁、水库移民大农业安置方式存在很大困难的背景下，云南省和其他省份在水利水电工程建设过程中，要将城镇化安置方式视为与大农业安置方式同等重要的安置方式，同时，从制度、管理、资金等各个方面予以保障。

二 要根据水库库区实际和移民生产生活特征有机地实施城镇化安置

水库移民城镇化安置是经济和社会发展的必然产物。经济和社会发展水平不同，城镇化安置的方式和方法也不同。同时，水库移民不同的生计方式和生活习惯等，对城镇化安置方式的实施也产生了较大的影响。因此，在水库移民城镇化安置过程中，各地要根据本地区经济和社会发展水平，考虑水库移民传统生计方式和生活习惯等因素，有区别地实施城镇化安置。

三 要将社会管理视为水库移民城镇化安置的核心保障机制

水库移民城镇化安置不仅是移民生活的城镇化，还是其生计的城镇化。在城镇化安置过程中，要让移民从农民逐步向市民转变。在这个转变过程中，社会管理是保障其实现有机转变的关键。水库移民安置机构要从社区组织构建、社会治安有序管理、移民人口服务、基础设施和公共服务设施建设与完善、文化教育服务、就业保障服务、社会保障待遇给付以及社区建设与自我管理等各个方面入手，切实做好社会管理工作，保障城镇化安置移民的顺利转型。

四 正视并切实规避水库移民城镇化安置风险

城镇化安置过程中，水库移民将面临政策、经济贫困、资金、机制建设、社会管理等风险。这些风险能否化解，对城镇化安置具有很重要的影响。一方面，移民安置机构不可因这些风险的存在而舍弃城镇化安置方式；另一方面，也不可重城镇化安置而轻其存在的各项风险。各级移民安置机构要从组织机构构建、社会风险要素识别、社会风险评估和预警等方面入手，切实做好移民城镇化安置风险的规避工作。

参考文献

阿瑟·刘易斯：《二元经济论》，施炜等译，北京经济学院出版社，1989。

包宗华：《中国城市化道路与城市建设》，中国城市出版社，1995。

蔡频、龚和平：《中国水电开发与移民安置案例分析——珊溪水利枢纽工程》，《联合国水电与可持续发展研讨会文集》，2004。

蔡依平、张梦芳：《水利水电工程移民安置模式多样化实证研究》，《安徽农业科学》2006年第5期。

曹柱盛：《福建棉花滩水电站水库移民安置基本实践》，《水库经济论文集》（未出版），2003。

曹柱盛：《水库移民安置与农村小城镇建设相结合实践与探讨》，《水库经济论文集》（未出版），2003。

陈皓：《我国农村城镇化问题初步探究》，贵州省社会科学学术年会论文，2011。

陈松寿：《小浪底水利枢纽的农村移民安置规划》，《人民黄河》1993年第3期。

丁小珊：《重庆李渡新区：移民促进的城镇化》，《小城镇建设》2004年第12期。

杜瑛、施国庆：《不同安置模式的水库移民社会适应与整合——以珊溪水库为例》，《水利经济》2007年第1期。

段跃芳、孙永平：《南水北调中线工程丹江口库区外迁移民安置策略探析》，《三峡大学学报》（人文社会科学版）2010年第

5 期。

冯金宝:《珊溪水库移民安置现状调查及对策研究——以温州市鹿城区移民安置地为实证》,《西北水电》2007 年第 2 期。

辜胜阻、简新华主编《当代中国人口流动与城镇化:跨世纪的社会经济工程》,武汉大学出版社,1994。

韩振燕:《非自愿移民迁移城市后的若干问题探讨——以温州珊溪水库移民为例》,《广西社会科学》2007 年第 1 期。

黄爱宝:《我国城乡二元结构破除中的社会管理制度创新》,《南京工业大学学报》(社会科学版) 2011 年第 4 期。

黄英赞:《飞来峡水利枢纽水库淹没处理及移民概况》,《珠江现代建设》1999 年第 6 期。

黄正山、李文主编《楚雄州农村人口梯度转移与城镇化模式研究》,云南民族出版社,2010。

何志扬、徐惠洁:《水库移民城镇化安置中的社会风险及其治理》,《水利经济》2013 年第 5 期。

黎贵优:《库区移民可持续发展研究——以百色水利枢纽工程富宁库区移民为例》,《云南民族大学学报》(哲学社会科学版) 2007 年第 3 期。

梁德阔:《上海破解"新二元结构"难题研究》,《华东经济管理》2012 年第 12 期。

梁福庆:《浅谈三峡库区农村移民安置可持续发展》,《水利经济》2004 年第 6 期。

刘洪彬:《制约中国农村城镇化发展的问题及对策研究》,《商业研究》2004 年第 19 期。

刘惠生、王效端:《论加速我国农村人口城镇化的途径与对策》,《基建管理优化》1996 年第 3 期。

吕国梁、陈志康、郑光俊:《南水北调中线丹江口大坝加高工程设计》,《人民长江》2009 年第 23 期。

吕永强:《关于农村城镇化的探讨》,《中华民居》2011 年第 11 期。

姜在鸿:《用"农转非"换取土地承包经营权安置移民》,《浙江水利水电专科学校学报》2001 年 S1 期。

参考文献

马克思:《资本论》第一卷,郭大力等译,人民出版社,1953。

米增渝:《关于农村城镇化模式的比较分析》,《中国农业大学学报》(社会科学版) 2002 年第 3 期。

马振友、张治昊、戴清、袁玉平:《飞来峡水库库区移民安置新思路的分析与评价》,《水利建设与管理》2007 年第 5 期。

王克明、林维秋:《珊溪水利枢纽建设概要》,《人民长江》2000 年第 10 期。

孙海兵:《南水北调中线工程丹江口水库移民安置规划设计》,《三峡论坛》(三峡文学·理论版) 2011 年第 2 期。

石艳红:《南水北调丹江口库区移民安置与社会主义新农村建设十项机制探讨》,《中国管理信息化》2011 年第 22 期。

马萍:《丹江口大坝加高工程水库移民规划设计》,《水利水电快报》2006 年第 4 期。

尚合慧、舒永久:《中国农村城镇化研究述评——基于马克思主义人本思想的视角》,《农村经济与科技》2010 年第 12 期。

尚金桂:《水利工程移民安置与城镇化建设》,《江淮水利科技》2006 年第 5 期。

谈采田:《小浪底库区移民生产安置措施浅议》,《山西水利》2001 年第 5 期。

中国社会科学院农村发展研究所、国家统计局农村社会经济调查总队:《中国农村经济形势分析与预测:2000～2001 年》,社会科学文献出版社,2001。

王信东、赵安顺:《试析农村城镇化的动力机制》,《工业技术经济》2000 年第 6 期。

王受泓、丁凤玲:《百色水利枢纽云南库区移民安置规划》,《中国农村水利水电》2009 年第 9 期。

吴克强:《广东省飞来峡水利枢纽工程移民与区域经济社会发展简析》,《水利经济》2002 年第 5 期。

吴宗法:《移民安置区城镇化进程研究》,《河海大学学报》(社会科学版) 1999 年第 3 期。

肖万春:《中国农村城镇化问题研究》,中共中央党校博士学位论文，2005。

徐琴：《"村转居"社区的治理模式》，《江海学刊》2012年第2期。

徐林：《百色水利枢纽水库移民工作探析》，《企业科技与发展》2012年第9期。

杨文健：《飞来峡水库移民安置规划与实施研究》，《广东水电科技》1996年第4期。

杨文建、刘虹：《库区农村移民城乡联动安置模式的战略性思考》，《中国农村经济》2003年第5期。

叶其扬：《黄河新曲又一章——小浪底枢纽工程介绍》，《水利天地》1992年第6期。

伊庆山、施国庆、严登才：《水利水电工程移民社会管理研究——基于诉求组织化表达的视角》，《西北人口》2013年第1期。

余戎、罗清萍：《正确评价农村城镇化发展状况》，《湖北农业科学》2005年第1期。

余文学、范云：《城乡统筹背景下的水库移民安置方式》，中国水利水电出版社，2010。

袁松龄、常献立、刘冬顺：《小浪底工程移民安置的实施》，《水力发电》2000年第8期。

曾建生：《以城镇为依托集中就近安置水库移民的探索——飞来峡水库移民安置方式浅析》，《中国水利》1999年第5期。

张宝欣主编《开发性移民理论与实践》，中国三峡出版社，1999。

郑瑞强、张春美、施国庆：《水库移民"城市楼房安置"模式创新机理思考——以青山嘴水库工程移民安置实践为例》，《中国农村水利水电》2011年第6期。

周晓农：《大力推进农村城镇化健康发展》，《贵阳学院学报》（社会科学版）2006年第4期。

朱宝树：《城镇化与城乡统筹的综合改革》，《市场与人口分析》2006年第3期。

朱涛：《我国农村城镇化过程中的制约因素及对策》，《中州大学学报》2003 年第 3 期。

朱兆华、彭新育、朱正国：《适应现代化和城镇化的发展优化水库移民的安置模式——广东省水库移民现状、合理补偿与安置模式的调查分析》，《广东水利水电》2002 年 S3 期。

陈绍军、施国庆：《中国非自愿移民的贫困分析》，《甘肃社会科学》2003 年第 5 期。

孔令强：《中国水电工程农村移民安置模式研究》，河海大学博士学位论文，2008。

钟水映、李明泉等：《工程性移民安置理论与实践》，科学出版社，2003。

施国庆、荀厚平：《水利水电工程移民概述》，《水利水电科技进展》1995 年第 3 期。

孙中艮、施国庆：《水库移民可持续性生产生活系统评价研究》，社会科学文献出版社，2012。

施国庆、周云、王修荣：《库区农村移民生产生活水平综合评价方法与应用》，《人民黄河》1992 年第 5 期。

荀厚平：《水库移民系统经济发展规划原理与模型研究》，《河海大学学报》（自然科学版）1997 年第 3 期。

陈绍军、施国庆：《水库移民系统评价初探》，《水利水电科技进展》1995 年第 4 期。

朱文龙、施国庆：《水库移民系统及其内部关系分析》，《红水河》1998 年第 3 期。

施国庆、徐俊新、孔令强：《基于耗散结构理论的水库移民系统有序化研究》，《水利水电科技进展》2008 年第 4 期。

施国庆、陈绍军、王惠民、荀厚平、王鲜萍：《水库移民系统经济评价研究》，《水电能源科学》1994 年第 3 期。

朱文龙、施国庆：《移民系统分享工程效益机理与方法探讨》，《水利经济》1995 年第 1 期。

孔令强、施国庆：《水电工程农村移民入股安置模式初探》，《长江流域资源与环境》2008 年第 2 期。

孔令强、施国庆、张峻荣：《金沙江中下游水能资源开发与农村移民安置》，《人民长江》2007 年第 5 期。

孔令强、严虹霞、乔祥利：《构建失地农民社会保障机制的思考》，《农村经济》2007年第8期。

朱文龙、施国庆：《移民系统分享工程效益机理与方法探讨》，《水利经济》1995年第1期。

杨文健、赵海涵、刘虹：《中国水库农村移民社会保障体系的构建》，《云南社会科学》2004年第6期。

杨文健：《中国水库农村移民安置模式研究》，云南美术出版社，2004。

余文学、高渭文、张云：《水库移民问题社会经济分析》，《河海大学学报》（哲学社会科学版）2000年第4期。

余文学、殷建军：《东平湖库区可持续发展综合分析》，《中国人口·资源与环境》2003年第4期。

张绍山：《中国水工程移民补偿机制发展与改革》，《水利水电科技进展》2006年第3期。

朱东恺、施国庆、张彬：《水利水电工程移民问题的经济学研究现状与展望》，《中国软科学》2005年第3期。

施国庆等：《水库移民系统规划理论与应用》，河海大学出版社，1996。

陈阿江、耿言虎：《"留"或"走"——民族地区水库移民安置区比选研究》，《江海学刊》2013年第2期。

施国庆：《非自愿移民：冲突与和谐》，《江苏社会科学》2005年第5期。

吴帅琴：《三峡农村外迁移民文化适应研究——以湖南省C市一个移民安置村为例》，山东大学硕士学位论文，2007。

风笑天：《"落地生根"？——三峡农村移民的社会适应》，《社会学研究》2004年第5期。

刘有安：《移民文化适应过程中的"污名化"现象研究》，《华南农业大学学报》（社会科学版）2009年第2期。

黄煜、施国庆：《水库移民遗留问题成因分析与对策》，《水利经济》2000年第5期。

严登才、施国庆、伊庆山：《水库建设对移民可持续生计的影响及重建路径》，《水利发展研究》2011年第6期。

徐杭:《三峡外迁移民的关系网重构——基于浙北 P 镇的田野调查》,华东理工大学硕士学位论文,2013。

商德锺、何雪松、刘伟、王登峰:《移民的社会资本与移民发展——以移居江西周村的新安江水库移民为例》,《水利经济》2010 年第 4 期。

程瑜:《广东三峡移民适应性的人类学研究》,《中南民族大学学报》(人文社会科学版)2003 年第 3 期。

张绍山:《水库移民"次生贫困"及其对策初探》,《水利经济》1992 年第 4 期。

杨云彦、赵锋:《可持续生计分析框架下农户生计资本的调查与分析——以南水北调(中线)工程库区为例》,《农业经济问题》2009 年第 3 期。

严登才:《搬迁前后水库移民生计资本的实证对比分析》,《现代经济探讨》2011 年第 6 期。

高山(Francis Lungo):《三峡移民的重新安置是否是生计的恢复——从社区发展的角度对秭归县移民生活的考察》,华中师范大学硕士学位论文,2006。

杨涛:《中国水库移民反贫困的思考》,《前沿》2005 年第 8 期。

孙中艮、杨文健:《建立水库移民社会保障制度的探讨》,《人民长江》2007 年第 6 期。

徐俊新、施国庆、郑瑞强:《水库移民补偿中的几个问题探讨》,《水利经济》2008 年第 5 期。

林建、雷亨顺、游滨:《整建制工业安置水库农村移民的实践——河南省"义马市狂口社区"调研》,《西南政法大学学报》2002 年第 6 期。

黎贵优:《库区移民可持续发展研究——以百色水利枢纽工程富宁库区移民为例》,《云南民族大学学报》(哲学社会科学版)2007 年第 3 期。

国际水电协会编著《水电可持续发展指南》,吴海滨、高培秋译,中国水利水电出版社,2007。

丁宏、杨筑慧等:《中国少数民族地区水电建设移民安置补偿补助体系研究报告（节选）》，《共识》2009 春刊 01 期。

汲荣荣、夏建新、吴燕红：《少数民族地区水电资源开发移民补偿模式研究》，《中国人口·资源与环境》2011 年 S2 期。

蒋建东：《民族地区大中型水利工程移民安置特点与对策》，《人民长江》2013 年第 2 期。

刘驰：《少数民族地区水电工程移民安置的长效机制研究》，《水电与新能源》2012 年第 4 期。

王应政：《贵州省大中型水电工程征地移民长效补偿机制研究》，《贵州社会科学》2009 年第 5 期。

施国庆、陈琛：《农村水库移民养老保险安置方式研究》，《人民黄河》2010 年第 6 期。

陈阿江、施国庆、吴宗法：《非志愿移民的社会整合研究》，《江苏社会科学》2000 年第 6 期。

包广静：《水电移民安置中的文化作用机制分析及其对策研究——以怒江为例》，《西北人口》2011 年第 1 期。

Maninder Gill. Dam and Involuntary Resettlement with Development: Good Practice. Proceedings of International Symposium on Resettlement & Social Development. 2002.

Cernea, Michael. M.. *Risks and Reconstrcution – Experiences of Resettlers and Refugees*. Washington, D·C.: The World Bank. 2000.

Cernea, Michael M.. Poverty Risks from Population Displacement in Water Resources Development. Harvard Institute for International Development. 1990.

Lbrahim Tugrul. From Resettlement to Realization of Sustainable Development with Humanity. Proceedings of International Symposium on Resettlement & Social Development. 2002.

Michael M. C.. "For a New Economics of Resettlement: A Sociological Critique of the Compensation Principle." *International Social Science Journal*, 37 – 45. 2003.

图书在版编目(CIP)数据

水库移民城镇化安置与社会管理创新/施国庆等著.
—北京:社会科学文献出版社,2015.2
(移民研究文库.水库移民系列)
ISBN 978-7-5097-6609-5

Ⅰ.①水… Ⅱ.①施… Ⅲ.①水库工程-移民安置-研究-中国 ②城市建设-研究-中国
Ⅳ.①D632.4 ②F299.23

中国版本图书馆 CIP 数据核字(2014)第 233277 号

移民研究文库·水库移民系列
水库移民城镇化安置与社会管理创新

著　　者 / 施国庆　李　文　孙中艮　张虎彪
出 版 人 / 谢寿光
项目统筹 / 童根兴　谢蕊芬
责任编辑 / 任晓霞

出　　版 / 社会科学文献出版社·社会政法分社 (010) 59367156
　　　　　 地址:北京市北三环中路甲29号院华龙大厦　邮编:100029
　　　　　 网址:www.ssap.com.cn
发　　行 / 市场营销中心 (010) 59367081　59367090
　　　　　 读者服务中心 (010) 59367028
印　　装 / 三河市尚艺印装有限公司
规　　格 / 开　本:787mm×1092mm　1/20
　　　　　 印　张:10.4　字　数:191千字
版　　次 / 2015年2月第1版　2015年2月第1次印刷
书　　号 / ISBN 978-7-5097-6609-5
定　　价 / 59.00元

本书如有破损、缺页、装订错误,请与本社读者服务中心联系更换

▲ 版权所有 翻印必究